PALABRAS
MÁGICAS

PALABRAS MÁGICAS

Qué decir para convencer

JONAH BERGER

REMlife

Descuentos y ediciones especiales

Los títulos de Reverté Management (REM) se pueden conseguir con importantes descuentos cuando se compran en grandes cantidades para regalos de empresas y promociones de ventas. También se pueden hacer ediciones especiales con logotipos corporativos, cubiertas personalizadas o con fajas y sobrecubiertas añadidas.

Para obtener más detalles e información sobre descuentos tanto en formato impreso como electrónico, póngase en contacto con revertemanagement@reverte.com o llame al teléfono (+34) 93 419 33 36.

Magic Words, © 2023 por Social Dynamics Group, LLC
Palabras mágicas

Copyright © 2023 by Jonah Berger

Published by arrangement with Harper Business, an imprint of HarperCollins Publishers.

Todos los derechos reservados, incluido el derecho de reproducción total o parcial en cualquier forma.

© **Editorial Reverté, S. A., 2024**
Loreto 13-15, Local B. 08029 Barcelona – España
revertemanagement.com

Edición en papel
ISBN: 978-84-17963-91-0

Edición en ebook
ISBN: 978-84-291-9776-1 (ePub)
ISBN: 978-84-291-9777-8 (PDF)

Editores: Ariela Rodríguez / Ramón Reverté
Coordinación editorial y maquetación: Patricia Reverté
Traducción: Betty Trabal
Revisión de textos: M.ª del Carmen García Fernández

Impreso en España – *Printed in Spain*
Depósito legal: B 18834-2023
Impresión y encuadernación: Liberdúplex
Barcelona – España

A todas las personas que han conseguido maravillar
con sus palabras alguna vez en la vida.

Contenidos

PALABRAS
MÁGICAS

Introducción

Cuando nuestro hijo Jasper tenía algo más de un año empezó a decir «*please*». O, como mínimo, lo intentaba. Todavía no sabía decir la letra ele, así que decía algo así como «pis», pero era suficiente para que le entendiéramos.

Que dijera esta palabra no era sorprendente; después de todo, a los seis meses de edad la mayoría de bebés reconocen sonidos básicos, y hacia el año suelen decir de una a tres palabras.

Lo interesante era cómo la utilizaba.

Lo normal era que dijera algo que quería, como «*up*», «yo» (para pedir yogur) o «brow ber» (su osito de peluche marrón), y se callaba para ver qué pasaba. Si le dábamos lo que pedía, ya no decía nada más. Pero si no se lo dábamos o seguíamos haciendo otra cosa, entonces te miraba a los ojos, movía la cabeza y te decía «pis».

A medida que crecía su vocabulario también fue aumentando. Empezó a hablar de sus criaturas favoritas («dido» para los dinosaurios), de lo que quería hacer («wee» para el tobogán) y contaba («*two*»). Incluso añadió la palabra «*yeah*» después de «pis», para demostrar que hablaba en serio. Así, por ejemplo, decía «yo», «pis», «yeah», que quería decir: «Sí, quiero yogur…, en serio».

Pero la palabra «pis» era especial, porque fue con ella con la que se dio cuenta de que las palabras tienen poder; que indican una acción. Que si quería algo y no ocurría, añadiendo la palabra «pis» siempre, o casi siempre, se salía con la suya.

Jasper acababa de descubrir su primera palabra mágica.

En casi todo lo que hacemos a diario intervienen las palabras. Las empleamos para comunicar ideas, para expresarnos y para relacionarnos con nuestros seres queridos. Gracias a las palabras los líderes lideran, los vendedores venden, los padres y madres educan, los profesores enseñan, los políticos gobiernan y los médicos dan un diagnóstico, entre otras cosas. Hasta nuestros pensamientos más privados necesitan el lenguaje.

Se calcula que usamos unas dieciséis mil palabras al día.[1] Escribimos emails y presentaciones, hablamos con amistades, colegas y clientes. Redactamos nuestro perfil para aplicaciones de citas online, hablamos con los vecinos y nos ponemos en contacto con los colegas del trabajo para ver cómo les ha ido el día.

Sin embargo, a pesar de emplear tanto el lenguaje, no pensamos demasiado en el lenguaje específico que empleamos. Es cierto que reflexionamos, por ejemplo, sobre las *ideas* que queremos transmitir, pero no tanto sobre las *palabras* concretas que vamos a utilizar para ello. ¿Y por qué deberíamos hacerlo? A fin de cuentas, casi todas las palabras son intercambiables.

De acuerdo, ahora piensa en este último párrafo que has leído. Se usa el término «concretas» para referirse a las palabras, cuando se podría haber usado «particulares», «específicas» o muchos otros de sus sinónimos. Es verdad que es clave que las palabras transmitan lo que queremos decir, pero las que usamos en concreto para hacerlo suelen parecer intrascendentes. Empleamos frases hechas o lo primero que se nos ocurre.

Pero resulta que la intuición suele equivocarse, y mucho.

LA PALABRA QUE CAMBIÓ EL MUNDO

En los años cuarenta, bastó una palabra para cambiar el mundo. Siempre que ocurría un desastre, o los malvados amenazaban con aniquilar vidas humanas, el adolescente Billy Batson se transformaba mediante la palabra «¡SHAZAM!» en un superhéroe con poderes extraordinarios.

Palabras mágicas como esta han estado siempre presentes en la historia humana: desde «¡Abracadabra!» u «¡Hocus-pocus!» hasta «¡Ábrete, sésamo!» o «¡Expecto patronum!». Magos, brujas y héroes de todo tipo han utilizado el lenguaje para conjurar poderes mágicos. Algunas palabras son como hechizos encantadores que, usados de forma estratégica, pueden cambiar o hacer cualquier cosa. Quienes los oyen son incapaces de resistirse a ellos.

Parece ciencia ficción, ¿verdad? Pues no lo es.

A finales de la década de los setenta un equipo de investigación de la Universidad de Harvard se acercó a quienes hacían fotocopias en la biblioteca de la City University de Nueva York y les pidió un favor.[2]

Nueva York es famosa por su vibrante cultura, su sabrosa comida y la mezcla de gente que habita en la ciudad, pero no precisamente por la amabilidad de esa población. La ciudadanía neoyorquina tiene fama de hablar rápido, trabajar mucho y estar siempre ocupada. Así que pedirles el favor de ayudar a alguien les resulta más que incómodo.

Estos investigadores estaban estudiando qué motiva la persuasión. Un miembro del equipo se sentaba en una mesa de la biblioteca y esperaba a que alguien se levantara a hacer fotocopias. Cuando llegaba el primer sujeto y colocaba el material en la fotocopiadora, ese miembro del equipo de investigación intervenía: se acercaba al inocente individuo y le pedía el favor de interrumpir su tarea para que le dejase utilizar la máquina.

Se probaron diferentes fórmulas. A algunos les decían: «Perdona, pero tengo que fotocopiar cinco páginas. ¿Me dejas usar la máquina?». En otros casos, añadían la palabra «porque»: «Perdona, pero tengo que fotocopiar cinco páginas. ¿Me dejas usar la máquina *porque* tengo mucha prisa?».

Los dos enfoques son casi idénticos: son educados, porque empiezan con «perdona», se pregunta si se puede usar la fotocopiadora, y se explica que son apenas cinco páginas las que la persona necesita fotocopiar. La «molestia» también es la misma: quien está haciendo las fotocopias tiene que parar, sacar sus papeles de la máquina y esperar a que el «intruso» acabe de usarla.

Sin embargo, a pesar de ser casi idénticos, sus efectos fueron muy diferentes. El mero hecho de añadir el vocablo «porque» hizo que un 50 % más de la gente aceptara dejar la fotocopiadora al intruso.

Un incremento del 50 % en la persuasión debido solo a una palabra es impresionante, yo diría que astronómico, pero en justicia hemos de decir que ambos enfoques difieren en algo más que en una palabra. Después de todo, la fórmula que incluía «porque» no solo hacía eso, también mencionaba la razón de la petición (porque la persona tenía prisa).

Se podría decir, pues, que no es tanto la palabra «porque» la que logra la persuasión, sino la razón de la petición. El miembro del equipo de investigación decía que tenía prisa, y el sujeto no la tenía, por lo que es probable que dijera que sí por mostrarse cortés o servicial.

Se probó entonces otra táctica que demostró que esto último no era cierto: a un tercer grupo de sujetos, el investigador les daba una razón sin sentido, en lugar de una con apariencia de ser válida: «Perdona, pero tengo que fotocopiar cinco páginas. ¿Me dejas usar la máquina, *porque* tengo que hacer las fotocopias?».

En esta ocasión, no se añadía ningún dato nuevo. Después de todo, si alguien te pide usar la fotocopiadora, está claro que es para hacer fotocopias. Así que añadir «porque» debería haber sido irrelevante. Si dar una razón válida era lo que potenciaba la persuasión, entonces decir que necesitaba la fotocopiadora porque tenía que hacer fotocopias no debería haber ayudado en absoluto. De hecho, dado que la razón no tenía sentido, incluso podría haber reducido el poder de persuasión y que la gente estuviera menos dispuesta a ceder la máquina.

Pero esto no fue lo que ocurrió. En realidad, incluir una razón sin sentido en la frase incrementó su poder de persuasión en lugar de reducirlo, igual que lo hizo la razón válida. Por tanto, podemos deducir que la razón por sí misma no era lo que motivaba la persuasión, sino el poder de la palabra que la precedía: «porque».

El estudio de la fotocopiadora no es más que un ejemplo del poder de las palabras mágicas. Por ejemplo, decir «recomiendo» algo en lugar de «me gusta» hace que la gente esté un 32 % más dispuesta a aceptar tu sugerencia. Emplear la expresión «a quien» en tu perfil de citas online hace que tengas un 31 % más de posibilidades de tener una cita. Añadir más preposiciones a tu carta de presentación te dará un 24 % más de posibilidades de obtener un trabajo. Y si no usas abreviaturas cuando describes un producto la gente estará dispuesta a pagar hasta tres euros más para adquirirlo. Es sabido que el lenguaje típico de las llamadas de negocios influye en el precio de las acciones de una empresa, y el que use el consejero delegado repercute también en el rendimiento de las inversiones.

¿Y cómo lo sabemos? Por la nueva ciencia del lenguaje. Los avances tecnológicos en el aprendizaje automático, en la lingüística computacional y en los sistemas de procesamiento del lenguaje natural, junto con la digitalización general —que afecta desde las cartas de presentación hasta las conversaciones— han revolucionado nuestra habilidad para analizar el lenguaje, proporcionándonos unos resultados nunca vistos.

Empecé a usar el análisis de texto automático por casualidad. A mediados de la década de los 2000 trabajaba como profesor en la Wharton School, investigando por qué algo se pone de moda. Nos interesaba saber por qué la gente habla sobre y comparte determinadas cosas y otras no, y recopilamos información de miles de artículos del *New York Times*, desde noticias de portada e internacionales hasta deportivas y de estilo de vida. Muchos de los artículos eran muy buenos, pero solo una pequeña parte llegaba a la lista de los «más compartidos», y tratamos de averiguar el motivo.

Para ello teníamos que medir diferentes razones por las que un contenido puede hacerse viral. Podía ser, por ejemplo, porque los artículos de la portada del *Times* reciben más atención, o porque determinadas secciones cuentan con más lectores, o porque según qué autores gozan de una mayor audiencia. Medimos, pues, todos estos factores.

Teníamos especial interés en averiguar si ciertas formas de escribir hacían que los artículos se compartieran más, pero para ello debíamos medir unas características concretas, como qué grado de emoción generaba cada artículo o cuánta información útil contenía. Empezamos buscando ayudantes para el estudio. Los estudiantes universitarios con interés en ello tenían que escribirme un email indicándome si podían participar; luego cada cual leería un artículo y lo puntuaría en una serie de aspectos, como si le había despertado alguna emoción o no.

Este método funcionó bastante bien, por lo menos al principio. Clasificaron primero unos pocos artículos y más tarde unas cuantas decenas.

Pero aplicar este método a miles de artículos no acababa de funcionar: un ayudante de investigación promedio tardaba un cierto tiempo en leer un artículo, pero para leer diez, cien o mil necesitaba el mismo tiempo multiplicado por diez, cien o mil.

Contratamos entonces a un pequeño equipo de ayudantes, pero aun así el progreso era muy lento. Además, cuanta más gente teníamos menos seguridad había de obtener resultados coherentes. Esto es así porque un artículo podía despertar cierta emoción en una persona, pero no en otra, y nos preocupaba que estas inconsistencias sesgaran nuestras conclusiones.

Vimos, por tanto, que necesitábamos un método objetivo que sirviera para cualquier volumen de artículos; que nos permitiera medir de una manera coherente miles de ellos sin que el equipo de ayudantes se cansara o se quemara.

Se lo planteé a mis colegas y uno de ellos me recomendó un programa informático que se llama Investigación Lingüística y Conteo de Palabras (LIWC, del inglés Linguistic Inquiry and Word Count). Su uso es muy sencillo: se introduce un texto cualquiera (por ejemplo, un artículo de un periódico) y el programa lo puntúa en diferentes dimensiones. Contando, por ejemplo, el número de palabras que tengan que ver con la emoción, el programa puede saber si el artículo está más o menos centrado en ese aspecto.

Y, a diferencia de nuestro equipo de ayudantes, vimos que el programa nunca se cansaba. Además, era coherente, ya que siempre codificaba las cosas de la misma manera.

El LIWC, pues, se convirtió en mi herramienta de investigación favorita.*

---

* Encontrarás más información sobre el LIWC en el excelente libro de James W. Pennebaker *La vida secreta de los pronombres*.

LA SABIDURÍA DE LAS PALABRAS

Desde entonces han aparecido cientos de herramientas y métodos nuevos: para contar palabras, para descubrir los temas principales en un documento y para extraer conocimiento de las palabras.

Y, del mismo modo que el microscopio revolucionó la biología y el telescopio la astronomía, las herramientas de procesamiento del lenguaje natural han transformado por completo las ciencias sociales, proporcionando información sobre todo tipo de comportamientos humanos. Así, hemos analizado las llamadas al servicio de atención al cliente para descubrir qué palabras incrementan la satisfacción de la clientela; hemos diseccionado conversaciones para entender por qué unas funcionan mejor que otras, y hemos analizado artículos online para ver qué estilo engancha a sus lectores. Hemos examinado miles de guiones cinematográficos para determinar por qué algunas películas son un éxito de taquilla, hemos estudiado miles de artículos académicos para entender cómo escribir para impactar, y hemos analizado millones de reseñas online para saber cómo influye el lenguaje en lo que se dice.

Hemos observado conversaciones con pacientes para ver qué factores incrementan las posibilidades de que sigan un tratamiento, hemos diseccionado procesos judiciales para descubrir qué hace que una alegación sea eficaz, y hemos mirado con lupa argumentos jurídicos para descubrir qué hace ganar un caso. Hemos estudiado también los guiones de miles de programas de televisión para saber en qué se basa una buena historia, y analizado más de un cuarto de millón de letras de canciones para identificar qué las lleva a ser un éxito.

Y por el camino hemos descubierto el poder de las palabras mágicas. Sí, lo que decimos es relevante, pero algunas palabras impactan más que otras. Con los términos adecuados y en el momento adecuado, puedes conseguir que la gente cambie de opinión, que tu audiencia se comprometa y actúe.

Pero ¿cuáles son estas palabras mágicas y cómo es posible sacar partido a su poder?

Este libro desvela la ciencia oculta del lenguaje y, más aún, cómo emplearla de un modo más eficaz para convencer a otras personas, reforzar nuestras relaciones y tener más éxito en la vida personal y en el trabajo.

En concreto, hablaremos sobre seis tipos de palabras mágicas: (1) las que activan la identidad y la voluntad de actuar, (2) las que transmiten confianza, (3) las que ayudan a formular la pregunta adecuada, (4) las que aumentan la concreción, (5) las que expresan emoción y (6) las que sacan partido a la similitud (y a la diferencia).

1. Palabras que activan la identidad y la voluntad de actuar

Se trata de los términos que sugieren quién está al mando, quién es culpable y qué implica llevar a cabo una acción determinada. En consecuencia, pequeños cambios en las palabras elegidas pueden tener un gran impacto. Descubrirás por qué usar sustantivos en vez de verbos puede ayudarte a persuadir, por qué decir «no» de la manera adecuada te hará cumplir objetivos, y por qué cambiar tan solo una palabra en la pregunta que te haces en pleno bloqueo te ayudará a incrementar tu creatividad. Descubrirás también por qué hablar de ti en tercera persona reducirá tu ansiedad y te llevará a comunicar mejor, y por qué una simple palabra como «tú» es beneficiosa para determinadas relaciones sociales y perjudicial para otras. Verás cómo influyen las palabras en la acción y en la empatía, modificando el comportamiento ético de las personas, su decisión sobre ir o no a votar o las discusiones con su pareja.

2. Palabras que transmiten confianza

Tus palabras no solo exponen hechos y opiniones, también transmiten la confianza que tienes en esos hechos y opiniones, lo cual determina cómo te percibe la gente y tu influencia sobre ella. El estilo lingüístico de una persona hace que tenga más credibilidad, autoridad y confianza: un mal vendedor puede convertirse en excelente si sabe qué palabras no debe usar; y lo que dice una abogada es tan importante como los hechos que describe. ¿Por qué la gente prefiere tener un asesor financiero que le transmita confianza, aunque se equivoque más, y por qué decir que un restaurante «sirve» y no «servía» una comida estupenda anima más a ir a probarlo? Y, aunque la seguridad es casi siempre beneficiosa, te mostraré cuándo el lenguaje inseguro es incluso más efectivo: por qué expresar dudas sobre determinados temas controvertidos puede animar a la otra parte a escuchar, y por qué reconociendo las propias limitaciones puedes ganarte la confianza de los demás.

3. Palabras para formular las preguntas adecuadas

En este capítulo te hablaré sobre la ciencia de hacer preguntas. Entre otras cosas, verás por qué pedir consejo hace que la gente piense que eres más inteligente, y por qué hacer más preguntas aumenta las posibilidades de tener una segunda cita con alguien. ¿Cuáles son las preguntas más efectivas y cuál es el momento adecuado de hacerlas? ¿Cómo esquivar preguntas difíciles y animar a otras personas a revelar información sensible? ¿Cómo puede una pareja descubrir una forma infalible de profundizar en su relación y por qué haciendo las preguntas adecuadas demuestras a la gente que te preocupas por ella?

4. Palabras para sacar partido a la concreción

Este capítulo te muestra el poder de la concreción lingüística. ¿Qué palabras demuestran que estás escuchando y por qué hablar de «arreglar» un problema en lugar de referirte a «resolver» aumenta la satisfacción del cliente? ¿Por qué el conocimiento puede ser una maldición y por qué mencionar una «camiseta gris» en vez de un «top» aumenta las ventas? Y, para que no pienses que siempre es mejor la concreción te enseñaré cuándo resulta más útil la abstracción; hablaremos de por qué el lenguaje abstracto es signo de poder y liderazgo, y por qué ayuda a las *startups* a obtener financiación.

5. Palabras que expresan emoción

El capítulo 5 describe por qué el lenguaje emocional incrementa el compromiso y cómo aprovecharlo en todos los aspectos de la vida. Descubrirás cómo un chico de veintidós años ha logrado edificar un imperio del podcasting gracias a sus conocimientos sobre las buenas historias, por qué añadir elementos negativos puede hacer que los positivos sean más agradables y por qué emplear un lenguaje emocional incrementa las ventas de determinados productos, pero no de otros. Aprenderás cómo retener la atención de la gente, aunque los temas que trates no sean demasiado interesantes, y por qué hacer que alguien se sienta orgulloso o feliz puede hacer que pierda interés en lo que le vas a contar. Al final del capítulo sabrás cómo sacar partido del lenguaje emocional, cuándo usarlo y cómo estructurar las presentaciones, los relatos y los contenidos para atraer a cualquier tipo de público.

6. Palabras que sacan partido a la similitud (y a la diferencia)

Este capítulo trata del lenguaje de la similitud. En él se describe qué es la similitud lingüística y por qué sirve para explicar cualquier cosa: desde un ascenso o una amistad hasta un despido o una segunda cita. Pero la similitud no siempre es buena; hay veces en que la diferencia es mejor. Descubrirás, pues, por qué una canción atípica puede hacerse más popular y cómo se usa la inteligencia artificial que hay detrás de Siri y Alexa para cuantificar la rapidez con que avanzan las narraciones y el terreno que abarcan. Al final sabrás cómo captar el estilo lingüístico de los demás y cómo presentar tus ideas para que sean más fáciles de entender y generen una respuesta positiva.

7. Lo que nos dice el lenguaje

Los seis primeros capítulos se centran en el impacto del lenguaje, en cómo utilizarlo para tener más felicidad, salud y éxito. En este último te enseñaré algunas cosas potentes que nos dicen las palabras. Entenderás cómo se puede identificar si una obra la escribió Shakespeare incluso sin haberla leído, y cómo predecir quién no devolverá un crédito solo analizando las palabras que empleó en su solicitud (te daré una pista: no te fíes de la gente extrovertida). También sabrás lo que el lenguaje revela sobre la sociedad, en un sentido más amplio. Tras analizar un cuarto de millón de canciones podemos responder a la vieja pregunta de si la música es misógina (y si esta situación mejora con el tiempo), y cómo las grabaciones de las cámaras muestran los sutiles prejuicios que se deducen de la forma en que la policía habla a la gente blanca y a la negra. Al final del capítulo habrás aprendido a usar mejor el lenguaje para decodificar el mundo que te rodea: tanto lo que las palabras revelan sobre las otras personas y sus motivos como que la forma de expresarse refleja sutiles estereotipos y prejuicios sociales.

Cada capítulo se centra en un tipo de palabras mágicas y en cómo utilizarlas. Algunas ideas son tan simples como decir «no + verbo» en lugar de «no puedo», y otras son más complejas y dependen del contexto.

Además, puedes usar la guía que figura en el apéndice del libro si quieres saber más sobre las herramientas que hemos empleado para descubrir todo esto. En dicha guía, además del nombre de las empresas, organizaciones y sectores que han puesto en práctica estas ideas, se citan algunos de los principales enfoques.

Seamos conscientes o no, todo el mundo lleva dentro un escritor. A lo mejor no te dedicas a redactar libros o artículos, ni eres narradora o periodista, pero seguro que escribes: correos electrónicos a colegas y amigos; informes a tus jefes y presentaciones para tus clientes.

También somos oradores. Puede que no te dediques a dar conferencias ante un gran auditorio, pero cualquier persona habla en público: bien sea haciendo presentaciones para tu compañía o charlando en una primera cita, convenciendo a otras personas para que se apunten a una ONG o pidiendo a tus hijos que ordenen su habitación.

Pero para ser mejores escritores y oradores, para comunicarnos con intención y cariño, tenemos que saber qué palabras usar. Es difícil que la gente te escuche, que te preste atención, que haga lo que quieres que haga. Y cuesta mucho motivar, fomentar la creatividad y hacer relaciones sociales.

Pero nos puede ayudar usar las palabras adecuadas.

Suele decirse que hay gente que tiene facilidad de palabra. Son personas persuasivas y carismáticas, y es como si siempre supieran lo que tienen que decir. ¿Tenemos mala suerte el resto, que no hemos nacido así?

Para nada.

Porque ser un gran escritor u orador no es algo con lo que se nace, sino que se aprende. Las palabras pueden tener un gran impacto, y si sabes cuándo, por qué y cómo funcionan, tú también podrás ser más influyente.

Así, tanto si quieres aprender a usar el lenguaje de una manera más eficiente como si lo único que pretendes es saber cómo funciona, este libro te lo enseñará.

1

Palabras que activan la identidad y la voluntad de actuar

No lejos de las bulliciosas empresas de capital riesgo que conforman Silicon Valley, en una discreta calle lateral, se encuentra lo que se ha dado en llamar una de las mejores escuelas infantiles de Estados Unidos. La Bing Nursery School es el sueño de cualquier niño. Cada clase tiene cinco mil metros cuadrados de espacio al aire libre rodeado de pequeños montículos y puentes, arenales, gallineros y conejeras. Las aulas, grandes y luminosas, están repletas de material artístico, bloques de construcción y otros materiales diseñados para motivar y enriquecer el desarrollo infantil. Hasta el propio edificio ha sido construido pensando en las personitas de esa edad, con las ventanas a su altura.

No es de extrañar que sea tan difícil encontrar una plaza. Miles de madres y padres ansiosos claman por un lugar en la lista de espera, solo para unos cientos de plazas. En otros casos intentan persuadir a los responsables de admisión argumentando que su hija es un genio de la música o que su vástago es capaz de contar en múltiples idiomas.

Pero Bing no busca criaturas excepcionales, sino todo lo contrario; prefiere a un grupo diverso de niños y niñas que sean el reflejo de la población. Porque Bing no es solo una escuela, es también un laboratorio.

En los años sesenta, la Universidad de Stanford quería construir una nueva escuela-laboratorio. El personal necesitaba un lugar para dejar a sus hijos, y los estudiantes que se graduaban en Educación y Psicología, hacer prácticas. Así fue como Stanford, con ayuda de la fundación National Science, abrió un centro de investigación puntero. Además de los espacios interiores y exteriores que hacen de Bing una escuela infantil ejemplar, las aulas cuentan con espejos unidireccionales y unos espacios de observación independientes que la convierten en el lugar ideal para estudiar el desarrollo infantil.

Desde entonces, cientos de estudios se han llevado a cabo en Bing. Allí se hizo el famoso «test del *marshmallow*», por ejemplo, que examinaba la habilidad infantil para retrasar la gratificación (se les decía: espera antes de comerte la golosina que hay delante de ti y recibirás una segunda golosina). De igual modo, un estudio sobre la motivación intrínseca descubrió que recompensar a los niños por algo que ya disfrutan haciendo (por ejemplo, dibujar) lleva a que dejen de hacerlo en el futuro.

De forma más reciente, un grupo de científicos fue a Bing para descubrir cómo animar a los niños a colaborar.[1] No es preciso decir que ayudar resulta muy útil. Los padres piden sus hijos que les ayuden a lavar los platos, los docentes les piden que les ayuden a guardar los juguetes y los niños piden a otros niños que les ayuden a columpiarse.

Pero —como bien sabe cualquiera que alguna vez haya pedido ayuda a un niño— no siempre quieren. Igual que los clientes, los colegas o los consumidores, a la gente menuda no siempre le interesa hacer lo que otros quieren que hagan. Prefieren estar jugando a las construcciones, saltando en el sofá o desatando los cordones de todos los zapatos del armario.

Para intentar comprender cómo persuadir a niños y niñas (y al resto de la población), un equipo de científicos pidió a un grupo de edades comprendidas entre los cuatro y cinco años que hiciera algo que no les suele gustar: ayudar a ordenar. Se colocaba un montón de bloques de construcción en el suelo y se les pedía que los guardaran en una caja, y también que colocaran unas ceras de colores en un bote. Además, para dificultar la persuasión, los investigadores esperaban a que los niños estuvieran haciendo otra actividad (como jugar con sus juguetes o colorear) para pedirles ayuda, por lo que era de esperar que tuvieran menos interés aún en ayudar.

A algunos de los pequeños sujetos experimentales se les pidió directamente que ayudaran; se les recordó que ayudar es bueno y que consiste en ordenar las cosas o echar una mano a quien lo necesita.

Pero con otro grupo se probó algo distinto. Recibieron casi el mismo discurso sobre la ayuda y la forma de ayudar, pero hubo una cosa distinta: en vez de pedirles que «ayudaran», se les pidió que fueran «ayudantes».

La diferencia parece insignificante, tanto que podíamos no habernos dado cuenta; y en muchos sentidos lo es. Ambas peticiones tienen el mismo contenido (ordenar las cosas), y ambas incluían la palabra «ayuda» de una manera u otra. De hecho, la diferencia no está más que en el final de la palabra.

No obstante, aunque el cambio parezca baladí, la diferencia en el resultado fue enorme: pedir a los niños y niñas que fueran ayudantes, y no que ayudaran, multiplicó por tres su respuesta positiva.

¿Por qué? ¿Por qué estas tres letras tuvieron tanto impacto?

La respuesta, concluyeron, tiene que ver con la diferencia entre los verbos y los sustantivos.

CONVERTIR LAS ACCIONES EN IDENTIDADES

Imagina que te hablo de Rebeca y de Fred, y te digo que Rebeca corre y que Fred es corredor. ¿A quién crees que le gusta más correr?

Podemos describir a las personas de muchas maneras: Pedro es mayor y Juan es joven. Susana es mujer y Antonio es hombre. A Carlos le gusta el béisbol y Cristina es liberal. Miguel come mucho chocolate y Jesica es una chica de costumbres diurnas. A Daniel le encantan los perros y Jaime es muy cafetero. Desde datos demográficos, como la edad y el género, hasta las opiniones, los rasgos y las preferencias, descripciones como estas dan una idea de quién o cómo es una persona.

Pero existen muchas maneras de decir lo mismo. Por ejemplo, podemos decir de alguien que tiene una tendencia política no conservadora, que es «liberal» o que es «un liberal». A quien le gustan mucho los perros podemos describirlo como que «ama a los perros» o que es un «amante de los perros». Ambos casos son en apariencia iguales, pero el último se refiere a una categoría. Si se describe a alguien como «liberal» quiere decir que tiene una ideología no conservadora. Pero si se dice de alguien que es «un liberal» significa que pertenece a un grupo o tipo concreto de gente.

Las etiquetas o nombres de las categorías implican cierto grado de permanencia o estabilidad. En otras palabras, las categorías, más que decir lo que alguien hizo o hace, sintió o siente, aluden a una esencia más profunda: a quién *es* esa persona. Indican la clase de individuo que es; con independencia del tiempo o de la situación, siempre será de esa manera.

Por tanto, mientras decir que alguien es liberal sugiere que tiene creencias no conservadoras, decir que es *un* liberal insinúa algo más permanente. Decir que alguien ama a los perros indica que eso es lo que siente ahora, pero decir que es un amante de los perros implica que es un tipo de persona determinada y que siempre será de esa manera. Los que se pueden considerar estados temporales (por ejemplo, «Sara no fregó los platos») parecen más duraderos y fundamentales cuando se expresan mediante etiquetas de categorías (por ejemplo, «Sara es una vaga»). Perder es malo, pero desde luego ser un perdedor es aún peor.

En efecto, podemos decir de una mujer llamada Rosa que «come muchas zanahorias», por ejemplo, pero describirla como «comezanahorias» llevó a los observadores a pensar que ese aspecto de su carácter era más estable. Pensaban que era más probable que Rosa comiera muchas zanahorias cuando era más joven y también en el futuro, y más probable que comiera zanahorias aunque otras personas intentaran convencerla de que dejara de comerlas. Con independencia del pasado o del futuro, de que alguien se opusiera o no, ese comportamiento persistiría.[2]

Lo que se deduce de las etiquetas que ponemos a las personas es tan tajante que la gente procura diferenciar tales etiquetas de los comportamientos que estas describen. Así, cuando un abogado solicite la absolución para un cliente, dirá: «No es un criminal; simplemente tomó una mala decisión». De igual manera, un aficionado a los deportes dirá: «Sí, de acuerdo, veo algunos partidos, pero no soy un fanático».

En todos estos casos, las etiquetas incluyen una parte determinada del discurso: los sustantivos. El rasgo «liberal» es un adjetivo, pero la categoría «un liberal» es un sustantivo. Decir que alguien «corre mucho» usa «corre» como verbo, pero decir que alguien es «corredor» convierte esa acción (un verbo) en una identidad (un sustantivo).

En todo tipo de temas y disciplinas, la investigación ha demostrado que convertir las acciones en identidades puede influir en la percepción que tenemos de los demás.[3] Oír que alguien es muy cafetero (en lugar de que toma mucho café), por ejemplo, o que una persona es una friki de la informática (en lugar de que utiliza mucho el ordenador) llevó a los observadores a inferir que a esa persona le gustaba más el café (o el ordenador), que era más probable que mantuviera esa preferencia en el futuro y aunque otras personas a su alrededor no sintieran lo mismo.

En definitiva, cambiar una descripción basada en un verbo (por ejemplo, «toma café») por un sustantivo (por ejemplo, es «cafetero») hace parecer que las actitudes o preferencias del individuo son más una predisposición y, por lo tanto, más radicales y estables; forman parte de su identidad, no son solo actitudes.

Que convertir las acciones en identidades influya en la percepción sobre las personas tiene numerosas aplicaciones útiles. Por ejemplo, que alguien se autodescriba como *trabajador* tenaz en su currículum, en vez de decir que *trabaja* con tenacidad, suele dar una mejor impresión. Y describir a nuestros colegas del trabajo como *innovadores* en vez de como *personas que innovan* debería tener unos efectos más positivos en la percepción que tenemos de ellos.

Pero los efectos son aún mayores. Porque, más allá de influir en las percepciones, se pueden emplear estas mismas ideas básicas para cambiar el *comportamiento*. Considerando las acciones como una forma de reivindicar las identidades deseadas, si transformamos las acciones en identidades podremos cambiar las acciones de los demás.

Todo el mundo quiere verse de una manera positiva: transmitir que somos inteligentes, competentes, atractivos y eficaces. Hay gente a la que le interesa ser una gran atleta, o ser buena jugando al Trivial, o ser capaz de hacer una comida deliciosa con lo que tenga en la nevera. Pero, en general, cualquiera quiere verse desde un punto de vista positivo. Y, por lo tanto, intentamos actuar de la manera que mejor encaje en esa imagen que queremos transmitir. ¿Quieres sentirte atleta? Saldrás a correr de vez en cuando. ¿Quieres sentirte rico o poderoso? Te comprarás un coche de lujo o irás de vacaciones a un lugar exótico. Por tanto, efectuando acciones coherentes y evitando las incoherentes estaremos diciéndonos que somos el tipo de persona que queremos ser.

Pero aquí empieza lo interesante, porque, si la gente quiere dar una imagen determinada, entonces considerar ciertas acciones como oportunidades para confirmar la identidad deseada puede animar a comportarse en consecuencia. Y aquí es donde interviene la investigación de la escuela infantil Bing.

Cuando pedimos a alguien que nos ayude solemos emplear verbos: «¿Puedes *ayudarme* a guardar las piezas?» o «¿Me *ayudas* con los platos?». En ambos casos estamos utilizando el verbo de acción «ayudar» para formular la petición. Pero lo mismo podría formularse convirtiendo el verbo en un sustantivo. Así, en lugar de pedir *ayuda* para guardar las piezas, por ejemplo, di: «¿Quieres ser mi *ayudante* para guardar las piezas?». Ese simple cambio transforma lo que antes era una mera acción (ayudar) en algo más profundo. Ahora guardar las piezas no implica solo ayudar, es también una oportunidad… para reivindicar una identidad deseada.

A algunos padres y madres les costará creerlo, pero la mayoría de los niños desean verse como ayudantes. Es cierto que ellos solos no pueden sacar la basura o cocinar, pero ser ayudante, aportar al grupo, es una identidad positiva que todos querrían tener. Así pues, sustantivar un verbo transforma lo que sería una mera acción (ayudar) en una oportunidad de reivindicar una identidad positiva (ser ayudante). Ahora guardar las piezas se convierte en una oportunidad que tengo para demostrarme a mí mismo, e incluso a alguien más, que soy una buena persona; que pertenezco a este grupo deseable de buenas personas.

¿Ayudar? Claro que está bien, pero tener la oportunidad de verse como ayudantes, una identidad de la que les gustaría formar parte, es justo lo que lleva a los niños y niñas de la escuela infantil Bing a ordenar con diligencia los bloques de construcción y los lápices.

El efecto de sustantivar los verbos va más allá de los pequeños de escuelas infantiles y de ordenar. En el año 2008, por ejemplo, un equipo de investigación empleó el mismo principio para aumentar la participación electoral. Votar es clave para que una democracia funcione, además de ser la oportunidad para elegir a nuestros gobernantes. Y, sin embargo, hay mucha gente que no vota. Igual que ayudar, votar es algo que la gente sabe que debería hacer, pero que no siempre hace. Está demasiado ocupada, se olvida o no le interesan los candidatos que se presentan.

Los investigadores se preguntaron si el lenguaje empleado influía en el grado de participación. En concreto, en vez del típico eslogan pidiendo a la gente que votara, intentaron algo un tanto diferente: hablaron de ser *votante*. En esta ocasión también la diferencia es en apariencia insignificante: sustituir el verbo *votar* por el sustantivo *votante*. Pero el caso es que funcionó: se incrementó en más de un 15 % la participación en las elecciones.[4]

Reformulando un comportamiento (votar) para convertirlo en una oportunidad de reivindicar una identidad positiva (la de votante) se logró que más gente se comprometiera con este comportamiento. Es decir, transformar el mero acto de votar en una oportunidad de expresar algo positivo sobre uno mismo hizo que más gente fuera a votar.

Así pues, ¿quieres que alguien escuche? Pídele que sea oyente. ¿Quieres que alguien lidere? Pídele que sea un líder. ¿Quieres que alguien trabaje duro? Anímale a ser el mejor.*

La misma idea se puede emplear para animar a la gente a evitar comportamientos negativos. Sin ir más lejos, la deshonestidad es cara: los delitos laborales cuestan a las empresas estadounidenses más de 50.000 millones de dólares al año.

Pero, aunque con frecuencia se anima a la gente a comportarse de forma ética o a hacer bien las cosas, el lenguaje de la identidad puede ser más efectivo en este caso. Varios estudios han demostrado que diciendo «no seas criticón» en vez de «no critiques» se reducen las críticas a la mitad.[5] Y es que la gente critica menos cuando al hacerlo ven que están adquiriendo una identidad indeseable.

---

* Igual que con cualquier método útil, hay situaciones en las que este puede ser contraproducente. Si en lugar de decirles a los niños que un juego de ciencia consiste en «hacer ciencia» les dices que consiste en «ser científicos», se reducirá el interés de las niñas por ese juego. Los investigadores en este caso hipotetizaron que «el lenguaje de identidad podría tener consecuencias negativas si las niñas tienen motivos para cuestionarse si son el tipo de persona que encaja en esa categoría, la de científicos (por ejemplo, después de experimentar retrocesos en la ciencia o desarrollar estereotipos sobre los científicos), porque podrían desconectar si dejaran de ver la ciencia como algo coherente con su identidad». Ver Marjorie Rhodes *et al.*, «Subtle Linguistic Cues Increase Girls' Engagement in Science», *Psychological Science* 30, n.º 3 (2019): 455-66, https://doi.org/10.1177/0956797618823670

¿Quieres que alguien deje de ensuciar? En vez de decirle: «Por favor, no ensucies», dile: «Por favor, no seas sucio». ¿Quieres que los niños digan la verdad? En vez de decirles: «No mintáis», verás que es más efectivo decirles: «No seáis mentirosos».

Estas ideas nos las podemos también autoaplicar. ¿Estás intentando adoptar el hábito de hacer ejercicio o de salir a correr más veces? Si le dices a la gente que eres *corredor* o *corredora*, y no que corres, verás que ese hábito se convierte en una parte más estable y coherente de tu personalidad, y aumentas la probabilidad de mantenerlo.

Pero convertir las acciones en identidades es solo una forma de aplicar una categoría más extensa del lenguaje: el de la identidad y la voluntad de actuar.

Hay, pues, otras fórmulas que podemos usar, y son las siguientes: (1) cambiar los *no puedo* por *no + verbo*, (2) cambiar los *debería* por *podría*, (3) hablarte, dirigirte a ti y (4) reconocer cuándo hay que usar «tú».

CAMBIAR LOS *NO PUEDO* POR *NO + VERBO*

Es extraño que el lenguaje impulse determinadas acciones deseadas. Pero hace algo más: indica quién tiene el control.

Todo el mundo tiene objetivos que alcanzar. Por ejemplo, hacer más ejercicio y perder peso, saldar sus deudas o llevar al día la economía personal, organizarse mejor, aprender algo nuevo o pasar más tiempo con amistades y familiares.

Pero aunque cualquiera tenga objetivos que cumplir —y se esfuerce por cumplirlos—, lo cierto es que la mayoría casi siempre se queda corta. Queremos hacer más ejercicio o poner en orden nuestra economía, pero no lo hacemos.

Y no lo hacemos por culpa de las tentaciones. Te propones comer más sano, pero tu pandilla sale a cenar pizza y te apuntas porque es un plan demasiado bueno para perdértelo. Te propones organizarte mejor, pero te enganchas a alguna red social y al cabo de dos horas te das cuenta del tiempo que has estado perdiendo. Vamos, que a pesar de invertir nuestros mejores esfuerzos en cumplir los propósitos de año nuevo, la tentación siempre se cruza en el camino.

¿Podrían ayudarnos en esto las palabras?

Cuando nos enfrentamos a una tentación solemos decir «no puedo». Este trozo de pizza tiene una pinta excepcional, pero *no puedo* comérmelo, porque estoy intentando comer más sano. Me encantaría irme de vacaciones contigo, pero *no puedo*, porque estoy tratando de ahorrar. Utilizamos el *no puedo* porque es la manera fácil de describir por qué no somos capaces de hacer algo.

En el año 2010, dos psicólogos pidieron a un grupo de personas interesadas en comer sano que participaran en un experimento sobre diferentes maneras de hacerlo de un modo más eficaz.[6] Se les dijo que cada vez que tuvieran una tentación tendrían que poner en práctica una estrategia específica para evitar caer en ella. A la mitad se les pidió que dijeran «no puedo». Por ejemplo, si tenían la tentación de comer un trozo de pastel de chocolate, tendrían que decirse a sí mismas y a los demás algo así como «no puedo comer pastel de chocolate».

En cambio, a otro grupo se le pidió que empleara un método un tanto diferente, diciendo «no + verbo» en lugar de «no puedo» cuando se enfrentaran a una tentación. Usando el mismo ejemplo: «No como pastel de chocolate».

Igual que ocurre con la diferencia entre ayudar y ayudante, la existente entre «no puedo comer» y «no como» parece insignificante, y lo es; pero una de las fórmulas es mucho más efectiva que la otra.

Tras responder a unas preguntas y participar en otro experimento no relacionado, a los participantes se les pidió que se levantaran y salieran de la sala. Al entregar la encuesta se les ofrecía la posibilidad de elegir entre dos aperitivos como agradecimiento por participar: una chocolatina o una barrita de cereales (más sana).

Las chocolatinas eran buenísimas. Casi un 75 % de los participantes que habían estado practicando decir «no puedo comer» la eligieron. En cambio, entre quienes habían estado practicando decir «no como» el porcentaje se redujo a la mitad. Por tanto, decir «no como» en vez de «no puedo comer» incrementó más del doble la capacidad de esas personas para evitar la tentación y aferrarse a sus objetivos.

Al profundizar más, los científicos se dieron cuenta de que decir «no como» era más efectivo por cómo hacía sentir a las personas.

Decir «no puedo» indica que no somos capaces de hacer algo, pero también un tipo determinado de razón por la que no podemos. Para hacerte una idea de lo que quiero decir, intenta completar las siguientes frases:

No puedo comer _____ porque _____ .

No puedo comprar _____ porque _____ .

No puedo hacer _____ porque _____ .

Al margen de la comida, la acción o lo que sea que hayas escrito en la primera parte, seguro que lo que has puesto después del «porque» es algún tipo de limitación externa. No puedo comer pizza *porque* mi médico me ha dicho que tengo que comer más sano. No puedo comprar un televisor nuevo *porque* mi pareja quiere que ahorre.

Decir «no puedo» muchas veces quiere decir en realidad que *queremos* hacer algo, pero alguien o algo se interpone en nuestro camino. Existe alguna limitación externa (el médico, la pareja, lo que sea) que nos impide hacer lo que queremos.

En cambio, decir «no + verbo» sugiere algo bastante diferente. Cuando se pide completar las siguientes frases, el tipo de razones que la gente da es muy distinto. Prueba a hacerlo:

No como _____ porque _____ .

No compro _____ porque _____ .

No hago _____ porque _____ .

En este caso no se trata de una limitación temporal, sino que lo que nos lleva a decir *no* es algo más permanente; es una actitud arraigada.

Y en lugar de ser algo o alguien externo lo que nos impide hacer lo que queremos, ahora el locus de control es más interno. No como pizza porque no me gusta (*a mí*) demasiado. No leo el correo electrónico cada cinco minutos porque prefiero (*yo*) concentrarme en lo que estoy haciendo.

Dicho de otro modo, decir «no + verbo» ayuda a la gente a evitar la tentación porque se siente más empoderada, cree que tiene más control sobre la situación. En vez de dejar que algo se interponga en el camino de lo que quiero hacer, soy yo quien está al volante. Hago lo que quiero. Claro que podría darme un atracón, gastar sin medida o perder el tiempo, pero prefiero no hacerlo. Prefiero estar haciendo otra cosa.

Y esta sensación de poder nos ayuda a evitar la tentación. Después de todo, estos eran mis objetivos.

¿Te cuesta cumplir con tus propósitos de año nuevo? ¿Te resulta complicado aferrarte a tus objetivos? Intenta decir «no + verbo» en lugar de «no puedo».

Escribe, además, por qué no haces lo que intentas evitar, centrándote en las razones que te hacen sentir que tienes el control. Si te da miedo olvidarte de ellas, escribe las frases «no + verbo» en un pósit y pégalo en un lugar donde puedas verlas, como la nevera o el ordenador; así te darás cuenta cuando la tentación aparezca. O escribe un recordatorio en el calendario para que te avise cuando creas que has de revisar tu propósito. Hacerlo te animará a recordar que tienes el control y te será más fácil aferrarte a tus objetivos.

La misma táctica es útil para otro tipo de negaciones. A veces nos piden hacer cosas que no queremos hacer, pero no encontramos la manera educada de negarnos. Es bueno ayudar y ser útil, pero tampoco se puede hacer todo. Cuando un colega del trabajo te pide que le ayudes en algo que no tiene nada que ver con tus funciones, o cuando el jefe te pide algo que va más allá de tus obligaciones, es difícil encontrar la manera de negarte.

Los expertos aconsejan buscar un «cómplice»; alguien que pueda defender tu negativa.

Pero el lenguaje también te puede ayudar.

En situaciones como estas, decir «no puedo» resulta bastante útil. Mientras que no es efectivo para evitar una tentación —porque implica que ese comportamiento lo dirige alguien o algo externo—, la misma razón lo convierte en especialmente útil para rechazar peticiones no deseadas.

Por ejemplo, decir *no puedo* formar parte de este grupo de trabajo porque tu jefe te ha pedido que des formación a una persona que acaba de llegar a la empresa; o *no puedo* ir más allá de lo acordado porque retrasaría el resultado final…, todo ello te distancia de la negativa. No es que *tú* digas que no porque no quieres ayudar; es algo externo lo que se interpone en tu camino. *Tú* quieres ayudar, pero otra cosa te lo impide.

De hecho, cuando la otra parte tiene control sobre la limitación externa, dejar claro que dicha limitación es la barrera puede mejorar la situación. No puedes hacer las dos cosas, pero si dejas clara cuál es la limitación externa estarás dando a la otra persona la oportunidad de decidir qué es más importante. Puede que al final busque a otro para que le ayude, o que entre los dos halléis la manera de salvar ese obstáculo.

SUSTITUIR *DEBERÍA* POR *PODRÍA*

Es difícil actuar con creatividad. Pese a que el 60 % de los consejeros delegados que participaron en una encuesta afirmaron que la creatividad es la cualidad fundamental del liderazgo, el 75 % de la gente cree que no está a la altura de su potencial creativo.

Un aspecto en el que esta cualidad resulta clave es la resolución de problemas.

Imagínate que tu mascota tiene cáncer. Has recabado diferentes opiniones y resulta que solo hay un medicamento que le puede salvar la vida. Lo bueno es que la empresa que lo fabrica está cerca de donde vives; lo malo es que es muy caro.

Te planteas la posibilidad de solicitar un préstamo, ampliar el crédito de tu tarjeta o pedir dinero a tus amistades y familiares, pero aun así solo conseguirías reunir la mitad de lo que cuesta el tratamiento. En medio de la más absoluta desesperación, te planteas colarte en la fábrica y robar el medicamento.

Los dilemas morales como este (robar un medicamento para un animal enfermo) suelen caracterizarse por ser desafíos éticos entre lo correcto y lo incorrecto. Si, por ejemplo, debes engañar para sobrevivir, aunque nadie lo descubra, o si tienes que mentir para ahorrar aunque no te pillen.

En situaciones así hay una respuesta claramente correcta. El fraude siempre está mal, te pillen o no. Tampoco está bien mentir, aunque no te descubran. Existe, por lo tanto, un conflicto entre el interés personal y algo más, pero «lo correcto» suele estar muy claro.

En cambio, en otras situaciones la respuesta «correcta», si la hay, es menos obvia. En el caso de la mascota con cáncer, por ejemplo, ninguna opción es ideal. Está claro que robar el medicamento no es correcto, pero dejar que tu pobre animal se vaya consumiendo poco a poco tampoco.

Este tipo de situaciones suelen denominarse dilemas de «lo correcto versus lo correcto», porque se han de hacer compensaciones entre imperativos morales. Nos vemos en medio de un conflicto que requiere sacrificar una cosa (por ejemplo, actuar de una manera justa y ética) por otra (por ejemplo, cumplir con nuestro deber hacia un ser querido). Elegir una implica renunciar a la otra; por lo tanto, más que un intercambio en el que ganan ambas partes el resultado es que las dos pierden.

Cuando nos enfrentamos a este tipo de dilemas, solemos preguntarnos: «¿Qué *debería* hacer? ¿Debería ayudar a mi mascota (e incumplir el mandamiento "no robarás") o cumplir la ley (y no salvar a mi querida mascota)?».

Es decir, siempre pensamos en términos de *debería*. Los manuales de instrucciones nos dicen cómo *deberíamos* usar los productos; las normas de la empresa nos dice qué *deberíamos* hacer en la oficina, y los códigos deontológicos especifican qué *debería* hacer un colectivo profesional o empresarial respecto a cuestiones como la diversidad o el medio ambiente.

No es sorprendente, entonces, que cuando nos enfrentamos a desafíos —morales o de otro tipo— a menudo pensamos en lo que *deberíamos* hacer. De hecho, al preguntar a los participantes en un estudio cuál es la palabra o frase que mejor define lo que pensó al seleccionar su respuesta a diferentes dilemas morales, casi dos tercios de las personas encuestadas dijeron algo así como «lo que *debían* hacer».

Si bien es muy habitual el condicional *debería*, pensar siempre en esos términos a menudo puede bloquearnos. Está bien utilizarlo para resolver dudas entre lo correcto y lo incorrecto: entre mentir, engañar o robar, aunque sea poco y nadie nos descubra. Pensar en lo que deberías hacer en esas situaciones te recuerda la existencia de tu brújula moral. Te anima a pensar en lo que deberías hacer y, al hacerlo, te ayuda a elegir el camino correcto desde el punto de vista ético.

Pero en otras situaciones los *debería* son mucho menos útiles. Cuando te planteas robar el medicamento para salvar a tu mascota, ese «debería» no te servirá de mucho, porque no hay una sola respuesta «correcta». Pensar en términos de «debería» nos lleva cada vez más a negociar entre dos opciones que son bastante menos que ideales. Este planteamiento obliga a sopesar diferentes valores y a conformarse con el menos indeseable; y esto con frecuencia resulta en un bloqueo.

Pero hay una manera mejor de resolver esta cuestión.

Tanto si intentas solucionar un dilema moral como si estás pensando en un asunto creativo más general, casi siempre buscas algo así como un destello de intuición, un momento «eureka» en el que se presente con claridad la solución o veas de forma nítida el problema. Este flash suele aparecer cuando menos te lo esperas; es decir, no ocurre de inmediato ni como resultado de un análisis exhaustivo.

En el campo de la creatividad, por ejemplo, la intuición suele darse cuando analizamos el problema desde otra perspectiva. Piensa en cómo engancharías una vela encendida a la pared con solo una caja de cerillas y otra de chinchetas.

Cuando la gente intenta dar con una respuesta a este problema enseguida recurre a las chinchetas: intenta usarlas para sujetar la vela a la pared.

Pero, por desgracia, esa no es la solución, porque las chinchetas no son lo bastante grandes. Aun así, seguimos intentándolo y fracasando una y otra vez.

Sin embargo, si lo miramos de otra manera, la caja de chinchetas puede ser bastante útil: en vez de intentar sujetar la vela con las chinchetas, usa la caja de las chinchetas. Vacíala, usa las chinchetas para pegar la caja en la pared y después la caja te servirá de soporte para la vela.

Problema resuelto.

Para dar con soluciones creativas hay que dejar a un lado las suposiciones. Así, en lugar de pensar que los objetos tienen unas funciones fijas (por ejemplo, la caja de chinchetas sirve solo para guardar chinchetas), lo mejor es optar por una perspectiva más amplia y pensar que se pueden emplear también para otras cosas.

Con el fin de comprobar cómo funciona la intuición, un grupo de investigadores de Harvard puso en marcha un experimento:[7] expusieron una serie de dilemas morales, similares al de la mascota, y vieron cómo los resolvían sus participantes.

Además, para ver si podían incrementar su creatividad en la resolución de problemas, estos investigadores contaban con un grupo de personas que trataban el dilema de una manera ligeramente diferente: en vez de adoptar el enfoque por defecto, o pensar en lo que uno *debería* hacer, les pidieron que pensaran en qué *podían* hacer.

Este ligero cambio produjo una gran diferencia. Quienes pensaban en qué *podían* hacer dieron con soluciones tres veces más creativas y de mejor calidad que el resto.

En lugar de bloquearse pensando en cuál de las dos opciones imperfectas era mejor, pedirles que pensaran más bien en qué *podían* hacer les animó a abordar el problema de una manera diferente, a detenerse, tomar distancia de la situación y pensar en el problema de un modo más amplio. Es decir, considerar múltiples objetivos, alternativas y resultados; reconocer que podía haber otras posibilidades.

De este modo, quienes pensaron en qué podían hacer reconocieron que existían rumbos alternativos y no se estancaron en una solución dual, excluyente, blanco o negro, esto o lo otro. En lugar de ver solo dos posibilidades irreconciliables —salvar a la mascota y robar—, fueron capaces de ver otras opciones. Por ejemplo, ofrecerse a trabajar sin cobrar para el fabricante del fármaco (o el veterinario) y así poder comprar el medicamento; o hacer una campaña de recaudación de fondos para pagar el tratamiento.

La alternativa «podría» dio lugar a soluciones más innovadoras porque fomentaba el pensamiento divergente: animaba a pensar «fuera de la caja» y sin límites, a considerar múltiples enfoques, a establecer nuevas conexiones y reducir la probabilidad de conformarse con respuestas obvias. Por tanto, en vez de limitarnos a ver la realidad tal como es, pensar en términos de «podría» nos anima a contemplarla tal como *podría* ser, a ignorar lo evidente y a explorar diferentes maneras de hacer las cosas.

Así, ante la pregunta de cómo borrar algo escrito a lápiz, a las personas que se les preguntó qué objetos *podrían* usar se les ocurrían usos más ingeniosos de objetos corrientes;[8] por ejemplo, si no tenían una goma de borrar decían que una goma elástica podría hacer la misma función. También, cuando necesitaron una mascarilla para no inhalar polvo nocivo, a quienes se les pidió que pensaran en qué objetos *podrían* usar se les ocurrió… un calcetín.

¿Te has bloqueado en un problema difícil? ¿Quieres incrementar tu creatividad o estimular la de otras personas?

Bien, pues pásate a la mentalidad del *podría*. En lugar de pensar qué *deberías* hacer, piensa qué *podrías* hacer. De esta manera te motivarás y motivarás a los demás a intervenir, a considerar rutas nuevas y a convertir los obstáculos en oportunidades.

Lo mismo ocurre cuando se trata de pedir consejo. Para solicitar ayuda a alguien solemos preguntarle qué *deberíamos* hacer.

En cierta manera tiene sentido, pero no es el mejor enfoque. Si le preguntas qué cree que *podrías* hacer le estás animando a pensar con mayor amplitud y de esta manera te ofrecerá una dirección mejor y más creativa.

HABLARTE

Hasta ahora hemos visto diferentes maneras de utilizar el lenguaje que sirven para activar la identidad y la voluntad de actuar. Cómo convencer a la gente para que haga algo que se acerque a una identidad deseada o evite una no deseada. Cómo evitar la tentación autocapacitándonos para sentir que tenemos el control. Cómo incrementar la creatividad centrándonos en qué podemos hacer y no en las limitaciones externas.

Sin embargo, en algunos casos emplear el lenguaje para distanciarnos de algo puede ser en realidad la mejor opción.

Es la noche previa a una presentación muy importante y no puedes dormir. Sabes que la llevas muy bien preparada, pero te juegas mucho y quieres asegurarte de hacerlo perfecto. Has repasado las diapositivas más de media docena de veces, añadiendo una viñeta aquí y retocando el lenguaje allá, pero sigues con un importante estado de nervios.

En situaciones como esta, ¿qué hacer para reducir la ansiedad y que te salga perfecta la presentación?

Se trate de una presentación, de acudir a una primera cita o de tener una conversación difícil con alguien, los nervios siempre se desbocan. Nos preocupa cometer un error, decir algo que no debemos o no dar la talla. Pero todas estas preocupaciones no hacen más que empeorar la situación: pensamos en todo lo que podría salir mal y nos fijamos tanto en lo negativo que eso mismo acaba interfiriendo en nuestra manera de actuar.

Por suerte, otras personas intervienen: amigos, familiares o colegas notan tu ansiedad y te ayudan a tranquilizarte. «Lo harás perfecto», te dicen; o «No te preocupes, siempre hablas muy bien y estás tan preparada...». En general, nos ayudan a ver el lado bueno, nos dicen que todo saldrá bien, nos recuerdan lo bien que lo hicimos la última vez. En resumen, contribuyen a centrar nuestra atención en los aspectos positivos o en aquello que podemos controlar.

Pero ¿por qué no somos capaces de hacerlo por nuestra cuenta? Después de todo, si lo que otras personas nos dicen consigue tranquilizarnos, ¿qué problema hay en decírnoslo a nosotros mismos?

Una posibilidad es que nuestros problemas sean mayores que los de los demás. Esa presentación, primera cita o conversación difícil es más relevante, más desesperante o más difícil que las del resto de la gente.

Tal vez sí, pero a no ser que se trate de una presentación en la Casa Blanca, o de negociar un tratado sobre armas nucleares, lo cierto es que nuestras dificultades suelen ser muy parecidas a las ajenas.

El problema es más sutil. Porque, incluso cuando la situación es la misma, la sientes diferente cuando te pasa ti.

No nos cuesta demasiado tranquilizar a otra persona cuando está nerviosa, ayudarla a reflexionar, a cambiar su punto de vista y a razonar las cosas. En resumen, a contemplar la situación desde un punto de vista más objetivo.

¿De verdad esta presentación te genera tantos nervios? Lo más seguro es que no. ¿Es el fin del mundo? Difícilmente. En general, y en comparación con todas las cosas que podrían ocurrir, una presentación no es algo tan aterrador como se podría pensar.

Pero cuando te ocurre a ti te cuesta tomar distancia, porque la situación te atrapa hasta el punto de que no eres capaz de pensar más allá. Las emociones toman las riendas y se apoderan de lo mejor de ti. No puedes prestar atención a nada más, solo a lo negativo, y parece que no podrás librarte de eso.

Para estudiar posibles maneras de tranquilizar a la gente, un grupo de investigadores de la Universidad de Michigan puso a sus participantes en una situación estresante.[9] Se les pidió que pensaran en el trabajo de sus sueños, en el puesto que siempre quisieron en la empresa en la que siempre habían deseado trabajar.

A continuación, se les pidió que elaboraran un discurso en el que expusieran por qué tenían la cualificación para ese puesto. Tenían que levantarse uno por uno delante de un grupo de evaluación y explicar por qué, de entre los cientos o miles de candidaturas, la suya era la más adecuada.

Y, por si esto no fuera lo bastante difícil, contaban apenas con cinco minutos para preparar el discurso.

¿Te parece estresante? Lo era. Se les dispararon las pulsaciones, les subió la presión arterial y el nivel de cortisol, la principal hormona del estrés. Dar un discurso frente a una audiencia que está evaluándote es sin duda una de las situaciones más estresantes que podemos vivir.

Los investigadores pusieron a sus sujetos en esta situación porque les interesaba estudiar el impacto del llamado «diálogo interno». Las personas utilizamos el lenguaje para comunicarnos, pero también para hablarnos a nosotras mismas. Nos hablamos para dar el último empujón en una dura carrera o para quejarnos de las canas que nos salen cada vez que nos miramos al espejo.

El diálogo interno es algo natural; se trata de una voz que combina pensamientos conscientes con creencias y tendencias inconscientes. Estas palabras pueden ser alegres y solidarias («¡Vamos, una más!») o negativas y destructivas («¿Otra cana? Me estoy haciendo viejo»).

Estos científicos se preguntaron si cambiar el enfoque del diálogo interior ayudaría a sus participantes a gestionar mejor el estrés. Con este fin, les dieron cinco minutos para preparar el discurso y uno de dos conjuntos de instrucciones sobre cómo usar el lenguaje para manejar la ansiedad.

Seguro que sueles hablar de ti en primera persona. Cuando la gente trata de entender sus sentimientos o averiguar por qué está nerviosa, se hace preguntas del tipo: «¿Por qué estoy (*yo*) tan nerviosa?» o «¿Qué *me* hace sentir así?». Usamos los pronombres «yo», «mi», o «me» (todos en primera persona) para referirnos a nosotros mismos.

A un grupo de esos sujetos se le pidió que siguiera este modelo: que usara pronombres en primera persona para tratar de entender sus sentimientos, y que se hicieran preguntas como: «¿Por qué *me* siento así?», o «¿Cuáles son las causas o razones de *mis* sentimientos?».

A otro grupo se le pidió que usara un lenguaje algo diferente. En lugar de intentar entender su ansiedad desde su punto de vista, se les dijo que adoptaran una perspectiva de observador. Así, en vez de referirse a sí mismos mediante los pronombres «yo» o «mi», se les animó a hablar de sí tal como lo haría otra persona, con palabras como «tú», su nombre, «él» o «ella».

Si la persona se llamaba Jane, por ejemplo, se haría preguntas como «¿Por qué *Jane* se siente así?», «¿Por qué está (*ella*) nerviosa por el discurso?», «¿Cuáles son las causas o razones de los sentimientos de *Jane*?».

Los participantes leían las instrucciones, dedicaban un minuto a reflexionar sobre sus sentimientos y después se iban a otra habitación a preparar su discurso. Luego los evaluadores analizaban sus discursos y los clasificaban en función de una serie de dimensiones.

Los resultados fueron sorprendentes. Ambos grupos de oradores se enfrentaron a la misma experiencia (dar un discurso en público) y tuvieron el mismo tiempo (cinco minutos) para prepararlo. La única diferencia fue que hablaron de sí mismos en segunda o tercera persona y no en primera persona. Se preguntaron cosas como «¿Por qué estás (*tú*) tan nervioso?», y no «¿Por qué estoy (*yo*) tan nervioso?».

El uso de palabras diferentes tuvo un efecto enorme en su desempeño. Quienes hablaban desde una perspectiva de observador (usando el propio nombre o el pronombre «tú») dieron un discurso mucho mejor, mostraron más seguridad y menos nervios, y su actuación general fue mejor.

Este cambio lingüístico ayudó a los participantes a tomar distancia de la situación y verla como lo haría un observador. Por el contrario, quienes siguieron la táctica habitual de usar el pronombre «yo» decían cosas como «Dios mío, ¿cómo voy a hacer esto? No puedo preparar un discurso en cinco minutos. ¡Lo normal es que tarde días!».

Así, utilizar sus nombres de pila o pronombres como «tú», «él» o «ella» les ayudó a pensar más como lo haría un observador y ver la situación de una manera más positiva. En lugar de quejarse o angustiarse, el uso de estas palabras les animó («Jane, puedes hacerlo. Has dado un montón de discursos ya») y les ayudó a ver las cosas desde un punto de vista más objetivo, reduciendo así la ansiedad que la situación les provocaba. Experimentaron menos emociones negativas y vieron las cosas en términos más positivos, como un reto que podían superar más que como una amenaza.

Efectos similares se hallaron también en otras situaciones. Tanto si se trataba de elegir una comida o de afrontar un problema de salud, pasar de la primera persona a la segunda o incluso la tercera les ayudó a obtener mejor resultados, al distanciarse de la situación y sentirse mejor:[10] les llevó a elegir la comida más sana o a concentrarse en los hechos.

El mismo principio se puede aplicar a una gran variedad de situaciones. Por ejemplo, en el caso de los atletas, practicar el diálogo interior positivo ayuda a mejorar el rendimiento.[11] Los deportistas profesionales se imaginan el éxito y múltiples escenarios, o incluso repiten un mantra durante el entrenamiento.

Luego, cuando salen a competir, en vez de decir: «¡Puedo hacerlo!», dicen: «¡Tú puedes!». De esta manera, sienten una mayor motivación y obtienen mejores resultados.

RECONOCER CUÁNDO HAY QUE USAR «TÚ»

En general, la investigación sobre el diálogo interior revela cuándo es mejor utilizar pronombres como «tú» y cuándo es perjudicial.

Hace unos años, una multinacional tecnológica me pidió que analizara sus comunicaciones para ver qué estaba funcionando y qué no. Tras examinar miles de textos publicados en internet, descubrimos que el uso del pronombre «tú» incrementaba el compromiso de los lectores. Los que contenían «tú» u otros pronombres de segunda persona, como el posesivo «tu» o «ti» recibían más *likes* y más comentarios.

La compañía empezó entonces a ajustar su estrategia de comunicación empleando más estas palabras, y comprobaron que se producía un incremento positivo en el compromiso de sus lectores.

Además, me pidieron que analizara de forma similar los textos que ayudaban al cliente a configurar, por ejemplo, un nuevo ordenador, o a solucionar problemas de un dispositivo, y que viéramos si para los lectores estas páginas eran útiles o no.

En esos textos, a diferencia de las comunicaciones, las palabras como «tú» tenían un efecto contrario: en vez de aumentar el compromiso del cliente con las redes sociales de la empresa, hacían que el artículo se considerara *menos* útil.

Intrigados, nos dispusimos a estudiar esta discrepancia.

Los textos que se colgaban en las redes sociales se diferenciaban de las páginas de ayuda al cliente en varios aspectos: eran más cortos, menos detallados y tenían más posibilidades de ser visitados por personas que no eran usuarias aún.

Pero, para entender de verdad por qué la palabra «tú» funcionaba de diferente manera en un caso y en otro, primero teníamos que entender qué función cumplía el pronombre «tú» y otros de segunda persona en cada contexto.

En las redes sociales, los *feeds* de la gente están llenos de información, y es difícil que le echen más que un vistazo a cualquier cosa. Las imágenes ayudan, pero también lo hace usar las palabras adecuadas. En situaciones como estas, términos como «tú» pueden hacer detenerse a quien está mirando, al señalar algo como digno de atención.

Cuando alguien ve un texto titulado «5 consejos para ahorrar», no tendrá claro si le resulta relevante o no. Pero si a ese título le añades la palabra «tú», de inmediato le parecerá mucho más relevante a cualquiera. Porque ya no se trata de una información genérica, sino de algo que «a ti» te va a resultar útil, aunque la información sea la misma.

El pronombre «tú» atrae la atención, aumenta la relevancia y hace sentir a los lectores que les están hablando a ellos.[12]

En cambio, en las páginas de asistencia al cliente no hace falta atraer su atención, porque ya la tienen. Es el cliente el que acude a esa página porque tiene una duda o un problema que resolver; por lo tanto, su atención ya está puesta en ese contenido.

Aparte de que el uso del pronombre «tú» hace que la información sea relevante para el lector, también implica responsabilidad o culpa. Por ejemplo, es muy diferente decir «si la impresora no funciona…» que decir «si no consigues (tú) que la impresora funcione…». En el segundo caso, al estar la frase formulada en segunda persona, sugiere que la impresora no funciona por culpa del usuario, es decir, que el problema no es de la máquina, sino del individuo, que no hace lo que tiene que hacer.[13]

Ocurre lo mismo con la voz pasiva («Se puede liberar espacio…») y la activa («Puedes (tú) liberar espacio…»). La segunda sugiere que el usuario ha de hacer el trabajo. Y cuantas más veces se utilice la palabra «tú», más trabajo tendrá que hacer el usuario.

Así pues, no es de extrañar que el uso de «tú» en las redes sociales suponga un beneficio porque atrae la atención del lector, mientras que en las páginas de atención al cliente sea perjudicial, porque indica que el usuario es culpable de su problema.

En general, y tal como hemos comentado en este capítulo, las palabras pueden modificar quién tiene el control: quién está al mando, quién va al volante o quién es responsable, para bien o para mal.

Preguntas como «¿le has dado de comer al perro?» o «¿has comprobado cuándo hay que entregar los papeles?» pueden parecer acusatorias. A lo mejor la intención es buena y solo quieres informarte, pero se pueden interpretar de forma negativa. ¿Quién dijo que fuera mi responsabilidad, o por qué tengo que encargarme yo de esto?

Un pequeño cambio en la frase («¿Ha comido el perro?») modificará por completo la respuesta de tu interlocutor. Al centrar la atención en la acción y no en el actor se elimina cualquier indicio de reproche. No estoy sugiriendo que sea «tu trabajo», solo quiero saber si se ha hecho, para hacerlo yo si no.

Lo mismo ocurre con frases como «quería hablar, pero (tú) estabas ocupada». Puede ser verdad, pero la manera de decirla indica que es culpa de la otra persona. Es decir, no solo es malo que estuviera ocupada, sino que es culpa suya que la conversación no haya tenido lugar.

Cambiando la frase anterior por otra como «quería hablar, pero no parecía el mejor momento para hacerlo» evitas echar la culpa a la otra persona. Ahora queda claro que no ha sido responsabilidad de nadie.

Lo mismo ocurre con los pronombres «yo», «mi» y otros en primera persona. Después de dar el primer bocado, el hijo de tres años de un amigo se quejó de que «la comida no está buena».

Sus padres, que se habían pasado horas planificando el menú, comprando y cocinando, sufrieron una enorme decepción. Querían que a su hijo le gustara la comida, pero también aprovecharon la oportunidad para enseñarle algo: existe cierta diferencia entre que una comida «no esté buena» y que a alguien «no le guste»; le dijeron a su hijo que el que no le guste una comida no quiere decir que no esté buena.

Cuando se omiten los pronombres de primera persona, puede parecer que las opiniones sean hechos. Decir «esto no está bien» o «la comida no está buena» indica que algo es objetivamente malo, pero añadir el pronombre «yo» aclara que el comentario es una opinión y no un hecho.

«(Yo) creo que esto no está bien» indica que es una opinión personal con la que la gente puede estar de acuerdo o no.

Por otra parte, los pronombres personales añaden la autoría; por eso usarlos o no depende de cuánta responsabilidad queramos tener sobre aquello de lo que hablamos.

Si, por ejemplo, estamos presentando los resultados de un proyecto, podemos decir: «He descubierto X» o «Los resultados demuestran X». En el primer caso es evidente quién ha hecho el trabajo. La persona que habla es la que se ha esforzado y merece el reconocimiento.

Pero decir «he descubierto» también hace que los hallazgos sean más subjetivos. Sí, está claro que *tú* has descubierto algo, pero ¿otra persona descubriría lo mismo, o tus hallazgos dependen de las elecciones que *tú* has ido haciendo durante el proyecto? En definitiva, podemos decir que utilizar pronombres o no depende de si queremos atribuir el mérito o la responsabilidad a alguien, y también de lo subjetivo u objetivo que queremos que parezca lo que decimos.

Haz tu magia

Las palabras hacen mucho más que transmitir información: indican quién tiene el control, de quién es la culpa y qué supone implicarse en una acción determinada. Por consiguiente, aprovechando el lenguaje de la identidad puedes fomentar acciones deseadas, tanto en ti como en los demás. Para ello:

1. **Convierte las acciones en identidades.** ¿Pides ayuda o intentas convencer a alguien de que haga algo? Convierte el verbo («¿Me *ayudas*?») en un sustantivo («¿Quieres ser mi *ayudante*?»). Enmarcar las acciones como oportunidades para confirmar las identidades deseadas motivará a la gente a participar.

2. **Cambia los *no puedo* por *no* + *verbo*.** ¿Te cuesta aferrarte a tus objetivos o resistir las tentaciones? En lugar de decir «no puedo» intenta decir «no + verbo» (por ejemplo, «no como dulces ahora mismo»). De esta manera aumentará tu sensación de poder y te costará menos ser fiel a tus objetivos.

3. **Cambia los *debería* por *podría*.** ¿Quieres tener más creatividad o dar con soluciones más innovadoras ante un problema difícil? En vez de preguntarte qué *deberías* hacer, pregúntate qué *podrías* hacer. Este cambio fomenta el pensamiento divergente y te ayudará sin duda a salir del atolladero.

4. **Habla contigo**. ¿Estás de los nervios por una presentación o quieres prepararte a tope para una entrevista importante? Prueba a hablarte en segunda persona («¡Tú puedes hacerlo!»); te ayudará a tomar distancia de la situación difícil, a reducir la ansiedad y a mejorar tu desempeño.

5. **Elige tus pronombres**. Si estás intentando atraer la atención de alguien o no quieres discutir con tu pareja, piensa con cuidado cómo usar los pronombres «yo» y «tú», porque tanto uno como otro pueden atraer la atención y hacer que la otra persona se sienta empoderada, o bien responsable o culpable.

Si comprendes el lenguaje de la identidad y te sirves de él en el momento oportuno, podrás emplear las palabras mágicas a tu favor.

Además de las de la identidad y la voluntad de actuar, existe otro tipo de palabras mágicas que también merecen atención: las que transmiten confianza.

2

Palabras que transmiten confianza

Cuando piensas en oradores famosos, seguro que el primero que se te ocurre no es Donald Trump.

El estadista romano Cicerón suele ser considerado uno de los mejores oradores de todos los tiempos. Él veía la oratoria como la forma más elevada de actividad intelectual, y creía que los buenos oradores debían hablar con prudencia, elocuencia, moderación y dignidad. Oradores como Abraham Lincoln y Winston Churchill también fueron elogiados por su discurso claro y lógico, por sus creencias firmes y sus ideas bien argumentadas.

Trump, en cambio, no encaja en este estereotipo. Sus frases suelen ser extrañas desde el punto de vista gramatical, repetitivas y llenas de vocablos simplistas. No hay más que ver las declaraciones que hizo para anunciar su campaña presidencial: «Construiré un gran muro, y nadie construye muros mejor que yo, creedme, y lo construiré sin gastar demasiado», dijo. «Nuestro país está en un gran apuro —continuó—. Ya no logramos victorias. Solíamos hacerlo, pero ahora ya no. ¿Cuándo fue la última vez que ganamos, digamos, a China, en un acuerdo comercial? Siempre ganábamos a China. Siempre».

No es de extrañar que su discurso fuera objeto de burlas generalizadas. La gente lo tachó de simple, la revista *Time* lo definió como «vacío» y otros se rieron de él por fanfarrón.

Menos de un año después, Trump fue elegido presidente de los Estados Unidos. Su estilo de oratoria dista mucho de lo que se considera elocuente; es farragoso y a menudo incoherente, está lleno de ideas inconexas, arranques y paradas, y una amplia gama de problemas de fluidez.

Pero, nos guste o no, Trump es un gran vendedor; es convincente, persuasivo y asombrosamente bueno motivando a su audiencia a actuar.

¿Cómo lo consigue?

Para entender por qué el estilo de oratoria de Trump es tan efectivo tenemos que empezar en un sitio muy diferente: un pequeño tribunal en Durham County, Carolina del Norte.

HABLAR CON PODER

Aunque nunca hayas estado en la sala de un tribunal, seguro que has visto alguna por televisión. Los abogados de cada parte se reúnen en torno a unas mesas grandes de madera; los testigos juran que van a decir la verdad, toda la verdad y nada más que la verdad; y el juez, con su toga negra y frente a una mesa sobre una tarima, preside con solemnidad el juicio.

Los tribunales son lugares donde el lenguaje es primordial. Es imposible viajar atrás en el tiempo, así que las palabras se utilizan para explicar lo ocurrido. Se exponen los hechos, la autoría de los hechos y dónde se encontraba el sospechoso o alguna otra persona en un momento determinado. Las palabras decidirán la culpabilidad o la inocencia de la persona acusada; quién va a la cárcel y quien se libra; quién es responsable y quién no.

A principios de la década de los ochenta, el antropólogo William O'Barr se preguntó si el estilo de exposición podía influir en las sentencias judiciales.[1] Es decir, si además de lo que se decía, el cómo se decía podía ser igual de impactante.

Se suponía que el contenido era lo único que importaba. Está claro que los jueces se basan en los testimonios de los testigos y en los argumentos de los abogados para tomar una decisión, pero eso es simplemente porque exponen los hechos. Después de todo, se entiende que el sistema legal es un árbitro objetivo e imparcial de la verdad.

Pero O'Barr se cuestionaba si esta suposición podía ser equivocada. Le interesaba conocer si pequeñas variaciones en el estilo lingüístico pueden influir en cómo se percibe a las personas y se toman las decisiones. Si leves cambios en las palabras de los testigos podían, por ejemplo, repercutir en la manera en que se evaluaban sus testimonios o en las decisiones finales sobre el caso.

Durante diez semanas de un verano, él y su equipo observaron y grabaron juicios de delitos menores, graves y de todo tipo. En total, más de 150 horas de discursos en los tribunales.

Después escucharon las grabaciones y lo transcribieron todo.

Cuando O'Barr analizó los datos, algo le llamó la atención: tanto jueces como abogados y peritos hablaban de forma diferente a la gente corriente —por ejemplo, los testigos y la mayoría de los acusados—. En efecto, empleaban más fórmulas legales, como *habeas corpus* o *in pari delicto*; pero la diferencia no era solo esta: la *manera* de hablar también era diferente.

Jueces, abogados y peritos empleaban menos el lenguaje formal («por favor» o «sí, señor»), menos muletillas («em», «mmm», «eh») y menos titubeos («me refiero» o «ya sabes»). También tendían menos a matizar sus declaraciones («tal vez» o «en cierto modo») y a convertirlas en preguntas («Esto fue lo que ocurrió, ¿no es así?» o «¿Él estaba en la habitación, ¿es cierto?»).

En parte podría deberse a la situación. Al fin y al cabo, una persona que está siendo juzgada intenta ser más educada de lo normal, porque cree que así la sentencia será más leve. De la misma manera, la experiencia que tienen jueces, abogados y peritos en los tribunales hace que se pongan menos nerviosos.

Si bien algunas diferencias se debían sin duda a la posición o a la experiencia de cada parte, O'Barr se preguntaba si no estaría ocurriendo algo más. Quería saber si, además de reflejar las diferencias en la persona que estaba hablando, el lenguaje utilizado podía influir en la percepción de los oradores o en la resolución del juicio.

Con ayuda de unos colegas planteó un experimento.[2] Eligieron un caso concreto y un testigo concreto, y se sirvieron de un grupo de actores para grabar dos versiones un tanto diferentes del testimonio del testigo.

Los hechos seguían siendo los mismos, pero el lenguaje usado para expresarlos era diferente. En una versión, el testigo hablaba como los profesionales (jueces, abogados y peritos) y en la otra como suele hacerlo la gente corriente.

Por ejemplo, cuando el abogado le preguntaba: «Más o menos, ¿cuánto tiempo estuvo allí hasta que llegó la ambulancia?», el testigo que hablaba como los profesionales respondía: «Veinte minutos. El tiempo suficiente para ayudar a la Sra. Davis a levantarse». En cambio, el testigo que hablaba como una persona corriente decía lo mismo, pero dudando: «Oh, me parece que como unos... mmm... veinte minutos.

El tiempo suficiente para ayudar a mi amiga la Sra. Davis, ya sabe, a levantarse».

Del mismo modo, cuando el abogado le preguntaba: «¿Estaba consciente?», el testigo que hablaba como los profesionales respondía: «Sí», mientras que el que hablaba como la gente corriente respondía: «Sí, creo que sí».

Después, para comprobar si estas diferencias habían tenido algún impacto, los investigadores pidieron a diferentes personas que escucharan cada grabación y que opinaran como lo haría un miembro del jurado. Tenían que decir lo que pensaban sobre el testigo y si el acusado debía pagar daños y perjuicios al demandante y, en caso afirmativo, cuánto debía pagar.

Tal y como O'Barr había predicho, las sutiles diferencias en el discurso cambiaron la manera de percibir al testigo: al que hablaba como un profesional se le creía más, lo consideraban más fiable, competente y convincente, y confiaban más en lo que decía.

Y estos cambios en el lenguaje también moderaron las reacciones de los oyentes a los testimonios. Si bien los hechos seguían siendo los mismos, quienes escucharon al testigo que hablaba como los profesionales concluyeron que el acusado debía pagar daños y perjuicios al demandante.

O'Barr había descubierto, pues, el impacto de hablar con poder.

Desde entonces, la ciencia ha ido refinando los componentes exactos del lenguaje «poderoso», pero la idea de base es la misma: hablar con poder hace que la gente parezca segura de sí y de sus conocimientos, lo cual lleva a que la audiencia esté más dispuesta a escuchar y a cambiar de opinión.[3]

Trump habla con poder, los gurús del liderazgo hablan con poder y los fundadores de las *startups* (al menos los que tienen carisma) hablan con poder. Exponen una visión, una cosmovisión, un punto de vista o una ideología que parece tan convincente que es difícil discrepar de ella. Demuestran tal convencimiento de lo que dicen que es difícil imaginar que las cosas podrían ser de otra manera.

Pero no se nace sabiendo hablar con poder o confianza; es algo que se ha de aprender.

Cuatro maneras de hablar con confianza son las siguientes: (1) reducir las atenuaciones, (2) no titubear, (3) convertir el pasado en presente y (4) reconocer cuándo has de expresar duda.

REDUCE LAS ATENUACIONES

En el año 2004 se hizo un experimento sobre cómo elegir un asesor financiero.[4] A los participantes se les pedía que imaginaran que habían heredado una cantidad de dinero y que tenían que buscar un asesor que les ayudara a invertirlo. Algunas amistades les recomendaban al asesor A y otras al asesor B, así que para ayudarles a decidir se establecía una competición: cada asesor juzgaría la probabilidad de que algunas acciones concretas incrementasen su valor al cabo de tres meses. Los participantes cotejarían la opinión del asesor con el rendimiento real de las acciones y contratarían a aquel cuyas opiniones prefirieran.

El asesor A, por ejemplo, decía que había un 76 % de probabilidades de que las acciones de una empresa determinada incrementaran su valor, y así fue. El asesor B decía que había un 93 % de probabilidades de que las acciones de otra empresa incrementaran su valor, y así fue también.

Tras leer unas pocas decenas de predicciones de cada asesor y revisar el rendimiento de cada acción, a los participantes se les preguntó a cuál de los dos posibles asesores elegirían.

Ambos habían acertado en su predicción: habían dado en el clavo el 50 % de las veces y se habían equivocado el otro 50 %.

Pero había una diferencia clave que los participantes desconocían, y es que, aunque ambos habían hecho predicciones muy precisas, los juicios de uno fueron mucho más extremos. El asesor «moderado» consideraba que una acción tenía un 76 % de probabilidades de subir; en cambio, el «extremo» creía que la probabilidad era del 93 %. Y mientras que el asesor moderado creía que una acción tenía un 18 % de probabilidades de bajar, el extremo reducía esta probabilidad al 3 %.

Lo lógico sería pensar que preferirían al asesor moderado; a fin de cuentas, su cálculo era más calibrado y, dada la inseguridad en torno al rendimiento de las acciones, podría ser la mejor opción.

Pero no fue así.

De hecho casi las tres cuartas partes de los participantes se quedaron con el asesor más agresivo, porque preferían que les orientara alguien que expresara mayor confianza (que pareciera más seguro de sí mismo), aunque esta confianza superara la capacidad real de un asesor para calcular las tendencias del mercado.

Y la razón es la misma que sostiene la capacidad del lenguaje poderoso. Sea para elegir a un gestor financiero, para escuchar las declaraciones de un testigo o para elegir a un presidente, el público se convence más cuando los comunicadores transmiten confianza y seguridad acerca de lo que están comunicando.

Cuando alguien habla con seguridad, solemos creer que está en lo cierto. ¿Qué candidato hará mejor el trabajo? Es difícil saberlo, pero si hay uno que habla con confianza nunca pensaremos que se equivoca. Después de todo, se le ve con tanta seguridad...

Los asesores financieros transmiten su confianza mediante porcentajes. Sus opiniones pueden ser las mismas (que las acciones subirán), pero es la manera de expresarlas y la seguridad que transmiten lo que lo cambia todo. Entre decir que algo tiene un 76 % de probabilidades de ocurrir y que tiene un 93 %, parece más segura la segunda opción, y hace que el comunicador dé una mejor impresión.

Pero es que las palabras cumplen la misma función. Si alguien dice: «*Seguro* que lloverá», por ejemplo, se entiende que hay bastantes probabilidades de que ocurra. Tal vez no el 100 %, pero sí algo superior al 95 %. En cambio, si alguien dice que «*es muy probable* que llueva», ajustaremos un poco a la baja la previsión hasta el 95 %; ya no será el 100 %.

Palabras como «probablemente» o «posiblemente» indican que la probabilidad es menor (de un 70 %); «quizás» indica un 50 % de probabilidades de que ocurra, e «improbable» sugiere que la ocurrencia será aún menor. Si alguien dice que «*apenas hay posibilidades* de que llueva», la probabilidad se reduce casi a cero.

Por lo tanto, palabras como estas no solo expresan predicciones, también dan forma a la acción. Si, por ejemplo, alguien dice: «*Seguro* que lloverá», entonces saldrás con paraguas; lo mismo si dice que «*está claro* que va a llover», o si dice que «va a llover *sin duda*».

Si alguien dice que «*puede* llover», «*podría* llover» o «es *poco probable* que llueva», tomarás precauciones diferentes. Deducirás que hay pocas probabilidades de mojarte y dejarás el paraguas en casa.

Este tipo de palabras, igual que en el caso del asesor financiero, demuestran la seguridad o confianza de los comunicadores. Si alguien usa términos como «indudablemente», «claramente» o «absolutamente», demuestra un grado alto de confianza. Tiene bastante seguridad sobre lo que va a ocurrir. Va a llover, no hay duda.

En cambio, palabras como «*puede*» o «*podría*» indican más inseguridad. Crees que puede llover, pero no tienes total seguridad sobre ello.

Palabras como «puede» o «podría» se denominan *atenuaciones* y se emplean para expresar ambigüedad, precaución o indecisión. También son atenuaciones los verbos *creer, especular* y *suponer*.

Ejemplos de atenuaciones		
Puede	En mi opinión	Un cierto
Podría	Pienso que	Un poco
Parece que/parecía que	Me parece que	Alrededor de
Probablemente	Creo que	Sobre
Quizá	A lo mejor	En general
En apariencia	Supongo	Un tanto

Y las atenuaciones van más allá de las expresiones de probabilidad. Se pueden usar para expresar duda o aproximación sobre la cantidad exacta de algo («He tenido esto *alrededor* de tres meses»), incertidumbre sobre lo que alguien ha dicho («*Según* él, funciona bien») o sobre si las propias opiniones se pueden generalizar («*En mi opinión*, no vale lo que cuesta»). Cuando alguien dice «alrededor de», «posiblemente», «creo que», «en general», «así como», «quizá», «supongo», «rara vez» o «normalmente», está atenuando. En cierta manera, está expresando una duda.

Al hablar atenuamos todo el tiempo. Decimos que *creemos* que algo funcionará, que una solución *podría* ser efectiva o que un enfoque diferente *puede* funcionar mejor. Sugerimos que algo *parece* una buena medida o que *en nuestra opinión* deberíamos probar otra cosa.

Pero, sin darnos cuenta, cuando expresamos duda o incertidumbre estamos reduciendo el valor de nuestras palabras y el impacto que estas pueden tener en la audiencia. Estamos dando a entender que no tenemos la seguridad de que valga la pena seguir esas ideas y recomendaciones.

De hecho, cuando un colega y yo preguntamos a la gente qué probabilidad había de que siguieran el consejo de otra persona, añadir atenuaciones hacía que estuvieran menos dispuestos a ello. Y tenían menos disposición a comprar un producto recomendado o a adoptar una medida propuesta en esos casos.

Esto se debe a que las atenuaciones transmiten falta de confianza. Decir que una solución *puede* funcionar, que *creo* que es el mejor restaurante o que *probablemente* es hora de arreglar el motor demuestra cierta duda: sobre si la solución funcionará, si el restaurante es el mejor o si es el momento de arreglar el motor. Y aunque en ocasiones es bueno ser prudente, también es cierto que las atenuaciones, al hacer que el comunicador parezca menos seguro sobre lo que propone, reducen su habilidad para influir en otras personas.

Si alguien no tiene la seguridad de que la solución funcionará, ¿por qué seguir adelante? Si no está claro que un restaurante sea el mejor, quizá vaya a comer a otro. Y si el mecánico no está seguro de que sea el momento de arreglar el motor, no solo no lo arreglaré, sino que buscaré otro mecánico que sepa más.

Esto no quiere decir que no debamos emplear nunca atenuaciones, pero sí que lo hagamos de una manera más intencionada.

A veces tenemos que hacerlo para indicar que no tenemos seguridad sobre algo o que el resultado no está claro. Es perfecto utilizar las atenuaciones con esta finalidad. Sin embargo, a menudo las utilizamos sin darnos cuenta. Tenemos tanta costumbre de matizar las afirmaciones que soltamos una atenuación porque sí. Y esto es un error.

Muchas veces, empezamos de forma inconsciente las frases diciendo «creo que», «en mi opinión» o «me parece que». Si bien es cierto que en determinadas ocasiones es útil usar estas fórmulas, suelen hacer innecesariamente explícita la subjetividad de lo que decimos.

Al decir cosas como «es un gran fichaje» o «deberíamos hacer esto» estás expresando tu opinión. A fin de cuentas, eres quien lo dice. A no ser que pretendas indicar que se trata de algo subjetivo, empezar las frases con «creo que» o «en mi opinión» no hace más que limitar tu impacto. Te hace aparentar menos seguridad de que otras personas llegarán a las mismas conclusiones, por lo que no serán proclives a seguir tu consejo.*

Por lo tanto, para transmitir confianza, acaba con las atenuaciones.†

En vez de emplear atenuaciones, sustitúyelas por lo que usa Donald Trump: adverbios de afirmación. Palabras como «definitivamente», «claramente» y «obviamente» eliminan cualquier pizca de duda. Las cosas son *inequívocas*, la evidencia es *irrefutable* y la respuesta es *innegable*. *Todo el mundo* lo sabe, está *garantizado*, y es *precisamente* lo que necesitamos ahora.

---

* Cuando quieras expresar duda, usa las atenuaciones correctas. Por ejemplo, en lugar de decir: «*Parece* que esto funcionará», personaliza la frase diciendo: «*Me parece* que esto funcionará»; de esta manera aumentas tu poder de persuasión porque transmites confianza. Estas diciendo que reconoces que hay alguna duda, pero que la admites.

† También influye el lugar donde pones las atenuaciones: por ejemplo, situarlas al principio de la frase («creo que esto es lo mejor») transmite más confianza que hacerlo al final («esto es lo mejor, creo»). Colocarla delante indica que eres consciente de que algo es tu opinión, pero que casi tienes seguridad sobre esa opinión. En cambio, ponerla al final indica un retroceso en la afirmación, y hace que tanto la información como la persona que la comunica parezcan más inseguras.

Los adverbios de afirmación, además de denotar falta de incertidumbre, sugieren que las cosas son 110% seguras. Quien habla tiene una seguridad total y la medida es obvia. El público no dudará en seguirle y hacer lo que se le pide.[5]

Ejemplos de términos de afirmación		
Definitivamente	Garantizado	Inequívoco
Claramente	Irrefutable	Incuestionable
Obviamente	Absolutamente	Esencial
Innegable	Todos	Siempre

NO TITUBEES

La atenuación hace que la gente parezca menos segura, poderosa y efectiva, ya lo hemos visto. Pero hay otro «dispositivo» lingüístico que aún beneficia menos, y es la duda.

Lindsey Samuels trataba de averiguar cómo mejorar el estilo de sus presentaciones. Esta ejecutiva de 41 años hacía casi una docena de presentaciones por semana, tanto a clientes como a clientes potenciales, colegas y personal directivo de su empresa.

Pero no estaba teniendo el impacto que esperaba. A veces la gente hacía caso de sus consejos, o seguía sus sugerencias, pero muchas otras veces continuaba actuando como siempre, seguía aferrada a su manera de trabajar, aunque lo que ella sugería fuera mejor.

Con la intención de conseguir más clientes e incrementar su impacto decidió analizar su estilo de comunicación para ver qué hacía bien y qué podía mejorar.

Empecé pidiéndole que me enseñara algunas de sus presentaciones. En general me parecieron bien, apenas pude ver fallos. Las diapositivas eran claras, el lenguaje concreto y conciso, y empleaba muchas analogías para explicar las ideas más complejas. Las diapositivas parecían muy coherentes.

Entonces pensé que, si el contenido no era el problema, tal vez lo fuera la manera de exponerlo. Le pregunté si podía escuchar alguna presentación. El COVID estaba en pleno apogeo, por lo que la reunión la hicimos online.

Desde su primera presentación me di cuenta de que algo no funcionaba. Las ideas estaban bien elaboradas, pero había algo en la manera de presentarlas que estaba mermando su efectividad. Aunque no sabía lo que era.

Grabamos aquellas reuniones para volver a escucharlas. Escuchaba su voz en las diferentes diapositivas, pero seguía sin saber cuál era el fallo.

Después, como parte de la actualización mensual del software de videollamadas, la empresa agregó algunas características nuevas: además de mejorar las opciones de llamada automática y diferentes maneras de dibujar en la pantalla, añadió la transcripción automática. Ahora, junto con la grabación de vídeos y audios, cada cliente recibiría una versión escrita de todo lo que se había dicho en la reunión.

Empecé a compartir esas transcripciones con mis clientes, por si les resultaban útiles. La mayoría prefería echarles una ojeada que escuchar todo el audio, pero Lindsey en particular se quedó horrorizada. «¿De verdad hablo así?», me preguntó. Le dije que no entendía a qué se refería, y diez minutos después me compartió una versión de la transcripción. Había marcado con un círculo cada vez que decía «em», «mm» y «eh», y había muchos círculos.

Las transcripciones habían desvelado el problema.

En las siguientes semanas, Lindsey intentó eliminar los titubeos de sus presentaciones. Ensayaba lo que iba a decir, escribía las respuestas a las preguntas con antelación y se detenía cuando era necesario para volver al guion.

Y funcionó. Logró reducir los titubeos y sus presentaciones mejoraron de forma considerable. Al mes siguiente había logrado captar a casi una tercera parte más de clientes potenciales. Reduciendo las muletillas en sus presentaciones se había convertido en una mejor y más efectiva comunicadora.

En las conversaciones cotidianas la mayoría de la gente usa muletillas; lo hacemos para reconstruir las ideas o para pensar qué diremos a continuación. Son un «bastón» muy útil en el que apoyarnos, pero no deberíamos abusar de ellas, porque si no, el mensaje no tendrá tanta fuerza.*

Imagínate que alguien empieza una presentación importante diciendo: «Yo… um… pienso que… uh… lo que voy a decir… um… es muy relevante». ¿Qué conclusión sacarías sobre ese individuo y sobre lo que va a contar? ¿Da una imagen de persona fuerte y equilibrada o, por el contrario, parece nerviosa y poco preparada? ¿Qué confianza tendrás en su recomendación? ¿Seguirás sus consejos?

Lo más probable es que no. De hecho, la investigación halló que los titubeos son incluso más perjudiciales que las atenuaciones, porque dan una imagen de poco poder y autoridad, y menos efectiva para transmitir lo que se intenta comunicar.[6]

---

* Expresiones como «a ver», «ya sabes», «quiero decir», «bueno» y «entonces» suelen cumplir la misma función.

Cuando alguien dice mucho «uh», «mm» o «eh», sugiere que no sabe de lo que está hablando; que no es realmente un experto.

De hecho, que alguien titubee puede ser incluso más impactante que quién sea esa persona. En un estudio sobre el tema, a un grupo de estudiantes se les presentaron vídeos de oradores haciendo comentarios abiertos al principio de la clase.[7] Al investigador le interesaba descubrir cómo el lenguaje influye en la impresión que nos formamos, por eso parte de los estudiantes escucharon una grabación en la que el orador titubeaba unas cuantas veces. Decía «uh», «mm» y «eh» entre cinco y siete veces durante el mensaje. En cambio, otro grupo escuchó una grabación en la que el orador no dudaba ni una sola vez. El contenido era el mismo.

Además de lo que decía el orador, el estudio también manipulaba la descripción que se hacía de él. A algunos estudiantes se les explicaba que el orador tenía un estatus relativamente alto (profesor), mientras que a otros se les decía que era de más bajo estatus (estudiante que ejercía como ayudante del profesor).

A la hora de presentar ideas, tendemos a pensar que el estatus importa mucho. En una reunión, por ejemplo, creemos que los asistentes escucharán más si habla el jefe que si habla una persona subordinada; o que la misma idea tendrá más impacto si la presenta alguien de más nivel.

Y sí, es cierto que el estatus a veces importa. Los estudiantes que creían escuchar a un orador de estatus más alto dijeron que era más bueno y más dinámico.

Pero *lo que dice* el orador es mucho más relevante. Los estudiantes consideraron que quienes titubeaban eran menos inteligentes y contaban con menos información y cualificación. Creían que tenían menos conocimientos y menos estatus, con independencia de cuál tuvieran en realidad.

De hecho, un orador con «menos estatus», pero que no titubeaba, fue evaluado de forma más positiva que otro de «mayor estatus». El estilo en ese caso había triunfado sobre el estatus.

En conclusión: procura no titubear demasiado. No pasa nada por usar alguna muletilla de vez en cuando. Estas indican que estás pensando o que no has acabado con lo que querías decir, pero titubear demasiado merma la efectividad, ya que darás la impresión de inseguridad, y esta debilita la confianza de la gente en ti y en tus opiniones.*

A menudo el titubeo sirve para rellenar los espacios conversacionales. Cuando, por ejemplo, empiezas a hablar antes de saber qué decir, utilizas las muletillas para pensar. Es por esto que palabras como «em» o «mm» se denominan muchas veces *rellenos*.

Pero si haces pausas para pensar qué decir antes de empezar, reducirás el uso de estas muletillas y demostrarás ser más competente.

Además, hacer pausas al hablar tiene otras ventajas. Los estudios que hemos llevado a cabo mis colegas y yo han revelado que cuando los oradores se detienen se les evalúa de forma más positiva, porque al hacerlo le están dando a la audiencia tiempo para procesar lo que han dicho y para que responda con breves indicadores verbales que está de acuerdo (por ejemplo, «vale», «ajá» o «de acuerdo»), y gracias a esto son mejor considerados.

Así pues, antes de decir «em» o «mm», detente un segundo. De esta manera te percibirán de forma más positiva y es más probable que sigan tus sugerencias.

---

* Las llamadas *coletillas interrogativas* (por ejemplo, «Hace frío, ¿no?») tienen un efecto similar. Convertir una afirmación en una pregunta indica que la persona se siente insegura de su opinión, y esto merma su capacidad de persuasión.

En general, el estudio sobre las atenuaciones y los titubeos tiene claras implicaciones. ¿Quieres hacer una buena presentación? ¿Te gustaría transmitir de la manera idónea tu discurso de ventas? Bien, pues sustituye las palabras, frases o acciones que denotan inseguridad por otras que transmitan convicción.

Cuando alguien dice que una solución es *obvia*, o que los resultados son *inequívocos*, irradia confianza. Esto sugiere que en lugar de limitarse a compartir una opinión está compartiendo una verdad y, por lo tanto, es más probable que le crean.

CONVIERTE LOS PASADOS EN PRESENTES

Una forma de hablar con confianza es evitando las atenuaciones y los titubeos, pero hay otra aún más sutil.

Estamos siempre compartiendo opiniones, hablando de los productos que nos gustan, de las películas que no nos gustan, de dónde nos gustaría ir de vacaciones. Decimos que una aspiradora funciona bien, que una película es aburrida o que una playa tiene la mejor puesta de sol.

Para dar este tipo de información solemos fijarnos en los sustantivos, adjetivos y adverbios que usamos. Queremos saber si una aspiradora aspira bien, si una película es interesante o si vale la pena emprender un viaje.

Pero, además de los sustantivos, adjetivos y adverbios, hay una característica que suele recibir poca atención: el tiempo del verbo.

Los verbos son una parte indispensable de la comunicación. Los sustantivos indican de qué o de quién se está hablando, pero los verbos transmiten el estado o la acción de un sustantivo. Hablamos, nos enviamos mensajes, compartimos ideas. Los verbos ayudan a poner al sujeto de un enunciado en una posición o movimiento determinados. Sin verbos, la comunicación solo consistiría en señalar con el dedo, sin sentido, a personas, lugares y cosas.

El tiempo verbal varía en función de lo que queremos decir o del periodo de tiempo del que hablamos. Cada verbo posee un tiempo que describe *cuándo* ocurre una acción o evento determinado. Si alguien dice que «estudió» para un examen, por ejemplo, está indicando que la acción ocurrió en el pasado.

Pero la misma acción podría haber ocurrido en el presente. Si alguien dice que «está estudiando» para un examen, indica que lo está haciendo ahora. Por tanto, cambiando el tiempo verbal del pasado al presente, un comunicador indica no solo de *qué* habla (estudiar), sino también de *cuándo* (pasado o presente).

El tiempo verbal comunica si alguien estudia, está estudiando o estudiará (en el futuro). Y señala si un proyecto está acabado, está acabándose o se acabará.

Está claro que en muchos casos el tiempo verbal lo determina la situación. Si alguien todavía no ha empezado a estudiar no dirá «estudié» (a no ser que mienta); lo mismo ocurre si el proyecto ya ha finalizado, nadie dirá que «finalizará».

Pero en otras situaciones se puede elegir el tiempo verbal. Cuando hablamos de un candidato a un puesto de trabajo, por ejemplo, podemos decir que este «parece» o «parecía» bueno. Cuando describimos una nueva aspiradora, podemos decir que «limpia» o «limpiaba» bien. Y cuando describimos un lugar de vacaciones podemos decir que las playas «son» o «eran» maravillosas.

Mi colega Grant Packard y yo nos preguntamos si cambiar el tiempo verbal influye en la persuasión; es decir, si emplear el presente en vez del pasado incrementa el poder de convicción.*

---

* Nos hemos concentrado en los tiempos presente y pasado porque en inglés no existen los verbos en futuro, sino que se forman añadiendo el auxiliar *will* al verbo.

Para comprobarlo, analizamos más de un millón de reseñas online en las que los clientes expresaban su opinión sobre productos y servicios.

Para cada reseña, contamos cuántas veces el usuario hablaba en pasado o en presente, y el impacto de su reseña. También analizamos si tales consumidores consideraban que ese producto o servicio era útil y si lo comprarían de nuevo.

Empezamos con los libros, y tras analizar cerca de un cuarto de millón de críticas en Amazon nos dimos cuenta de que el tiempo presente tenía más impacto que el pasado. Decir que un libro «es» y no que «era» un buen libro, o que «tiene» y no que «tenía» un buen desarrollo argumental llevó a otras personas a considerar más útil la crítica.

Cabía preguntarse si esto se debía a algo específico de la categoría del producto analizado. En el caso de los libros, la mayoría de la gente los lee una sola vez, por lo que las críticas suelen hacerse en pasado y, por lo tanto, utilizar el presente en este caso es más raro.

Para valorar esta posibilidad, abordamos una categoría en la que los productos se consumen muchas veces: la música. La mayoría de la gente escucha una canción o un álbum más de una vez, por lo que lo lógico sería que sus críticas estuvieran en presente.

Pero incluso en ese ámbito hallamos el mismo resultado: las reseñas de canciones que incluían verbos en presente tenían más poder de convicción.

De hecho, el patrón se repetía para una gran variedad de productos (por ejemplo, de electrónica) y servicios (por ejemplo, restaurantes). El tiempo presente siempre tenía más impacto que el pasado. Decir que una canción «es» buena en lugar de «era», que una impresora «hace» en lugar de que «hizo» un buen trabajo o que un restaurante «prepara» en vez de que «preparaba» unos tacos deliciosos llevaba a la gente a considerar las opiniones como más útiles y convincentes. Escuchar de alguien que una playa «tiene» en vez de que «tenía» un buen ambiente, por ejemplo, hace que la gente prefiera ese destino de vacaciones.

Y la razón de esto es la misma que hay tras el efecto de las atenuaciones, el titubeo y el lenguaje poderoso: el tiempo pasado presupone que algo era cierto en un momento determinado. Si alguien dice: «El candidato *era* avispado» o «La solución *funcionó* bien», está diciendo que el candidato era avispado cuando le entrevistó ayer, o que la solución fue efectiva cuando la implementó la semana pasada.

Además, puesto que las experiencias personales son subjetivas de forma natural, el uso del tiempo pasado indica que lo que se está transmitiendo también es subjetivo. Decir que un libro *era* divertido, por ejemplo, sugiere que la opinión está basada en la experiencia personal del lector, que cuando lo leyó lo encontró divertido.

Por consiguiente, el pasado transmite cierto grado de subjetividad y transitoriedad: la opinión se fundamenta en la experiencia de una persona determinada, en un momento determinado.

En cambio, el tiempo presente indica algo más general y duradero. Decir que algo *funciona* bien sugiere no solo que *funcionó* bien en el pasado, sino que continúa haciéndolo y continuará igual en el *futuro*. Más que una opinión basada en una persona o experiencia particulares, el presente indica algo más estable, que perdurará. Además, no se trata de la experiencia pasada de un individuo, sino que otros tendrán una experiencia similar en el futuro.*

---

*Esto tiene que ver con lo que hablamos en el capítulo 1 sobre el sustantivo y el verbo. Decir que alguien *corre* o llamarle *corredor* indica algo más fundamental, y es que hay un grado de permanencia o estabilidad en la actividad de esa persona. Lo mismo ocurre con el tiempo presente: si decimos que algo *es* bueno, y no que algo *era* bueno, estamos diciendo que la cualidad es inherente a aquello de lo que hablamos.

Por lo tanto, el uso del presente incrementa el impacto porque cambia el modo en que la gente percibe lo que se ha compartido. En lugar de una opinión basada en una experiencia limitada, el tiempo presente indica que quien comunica posee la suficiente seguridad para hacer una afirmación general sobre el estado del mundo. Además de afirmar cómo era algo, afirma cómo es y cómo será. No es una opinión, es una verdad universal.

Y todo aquello que parece una verdad universal tiene más aceptación e impacto. Si la comida de un restaurante *era* buena o si lo *era* el servicio de un hotel, eso tal vez habrá que comprobarlo.

Pero si la comida *es* buena y el servicio *es* bueno, el público se convencerá de ir a probarlo.

Dicho de otra manera: el tiempo presente indica que el orador, además de tener una opinión, posee una relativa seguridad sobre ella.

Decir a los pacientes que un tratamiento *tiene* en vez de que *tuvo* un 90 % de éxito, o que *reduce*, y no *redujo*, el colesterol hará que lo quiera probar más gente. Afirmar que una dieta *ayuda*, en lugar de que *ayudó* a la gente a perder peso hará que quienes quieran lograr ese objetivo empiecen a hacerla. Y señalar que un coche *es*, y no *fue*, el coche del año hará que a más consumidores les interese comprarlo.

¿Quieres aumentar tu influencia? Cuando presentes los resultados de un proyecto clave, habla de lo que *has descubierto* en lugar de lo que *descubriste*. Habla de cómo la gente *hace* algo y no de cómo lo *hacía*.

Convertir los pasados en presentes provocará que otras personas estén más dispuestas a escuchar lo que tienes que decir.

CUÁNDO EXPRESAR DUDA

Hasta ahora hemos abordado varias maneras de transmitir confianza: reduciendo el uso de atenuaciones y titubeos, usando adverbios de afirmación y convirtiendo los pasados en presentes. Si bien es cierto que cuando hablamos con poder aparentamos más seguridad e incrementamos las probabilidades de que los demás sigan nuestros consejos, a continuación tienes algunas situaciones en las que es más efectivo ser un poco prudente.

El Día de Acción de Gracias es una fecha muy especial en los Estados Unidos. La gente se reúne con sus familiares y amigos para celebrar esa fiesta, comer y dar gracias por todo lo bueno que les ha pasado durante el año.

Pero entre las tradiciones, los desfiles y los platos de pavo las últimas festividades de Acción de Gracias han venido acompañadas de un cierto desacuerdo. La población estadounidense está ahora más polarizada que nunca desde el punto de vista político, y aunque lo normal es que se reúnan con gente con la que están más o menos de acuerdo, juntarse con una gran familia o muchos amigos implica que habrá disparidad de opiniones.

Muchas familias avisan previamente de que no se hablará de política en la cena, pero es inevitable que salga el tema. Por ejemplo, si alguien se ha quedado sin trabajo y le está costando acceder a las prestaciones correspondientes, o le preocupa la economía, le echará la culpa de sus problemas a alguien que para el resto a lo mejor no la tiene. Entonces una conversación que se suponía educada puede convertirse en una acalorada discusión.

En vez de entrar en una pelea a gritos con el tío Luis en el comedor, ¿podría haber una manera más civilizada de discutir? ¿E incluso de modificar un poco la opinión de la otra persona?

Hace unos años, un grupo de investigadores de la Universidad Carnegie Mellon reunió a cientos de personas para hablar de temas polémicos,[8] polarizando cosas como si el aborto debía ser legal, si las políticas de acción afirmativa debían utilizarse en las admisiones universitarias y si los inmigrantes «sin papeles» que cumplieran determinados requisitos tenían que poder quedarse legalmente en el país. Cuestiones todas sobre las que diferentes personas tienen puntos de vista muy distintos.

A algunos participantes se les pidió que escribieran mensajes persuasivos que animaran al resto a cambiar de opinión. Por ejemplo, en el caso del aborto, un provida escribió que son «varios los factores que presionan a una mujer para abortar» y que «abortar es quizá una de las decisiones más fundamentales que una persona puede tomar, porque implica matar».

A otros participantes se les pidió que escucharan, sin más. Después de comunicar sus opiniones sobre cada cuestión (por ejemplo, si preferían el derecho a elegir o a la vida), leían un mensaje persuasivo que alguien había escrito y tenían que decir si les había hecho cambiar de opinión.

Muy importante: antes de leer el texto persuasivo, algunos oyentes leían una breve nota en la que el «aspirante a persuasor» expresaba sus dudas: decía que aunque creía haber estudiado a fondo la cuestión no contaba con la seguridad de llevar razón.

Si es verdad que la seguridad siempre convence, una expresión de duda de este tipo debería reducir la influencia. Después de todo, es difícil convencer de algo si el persuasor no tiene la completa seguridad de llevar razón.

Pero en este contexto ocurrió todo lo contrario: expresar dudas sobre un tema polémico incrementó la persuasión. Sobre todo entre quienes tenían creencias firmemente arraigadas, escuchar a alguien decir que no estaba del todo seguro de su opinión les animó a cambiar la suya en esa dirección.

Cuando se trata de cambiar la opinión de alguien que no está de acuerdo contigo, seguro que piensas que lo mejor es actuar de forma directa: si te limitas a exponer los hechos y a dar información imparcial, la otra persona se pondrá de tu lado.

Pero la cuestión es que no todo el mundo ve los «hechos» de la misma manera. En especial, cuando la gente tiene unas creencias firmes sobre algo, el «razonamiento motivado» suele incitarles a evitar o ignorar la información que pone en riesgo sus creencias.

Por lo tanto, cuando intentes persuadir a alguien no actúes de forma demasiada directa, porque la otra persona aún se convencerá más de su opinión. En realidad, en lugar de convencerles, los mensajes persuasivos llevaron a una buena parte de los participantes en el estudio citado a modificar sus opiniones en la dirección opuesta.

En cierto sentido, la persuasión se puede dividir en dos etapas: la segunda es cuando una persona tiene en cuenta la opinión o la información de la otra y decide actualizar sus creencias. Pero, antes de llegar ahí, la gente tiene que decidir cuán receptiva quiere ser, si debe, en primera instancia, escuchar o no.

Los seres humanos tenemos una especie de radar antipersuasión o mecanismo de defensa que se pone en marcha en cuanto alguien intenta convencernos de algo. Cuanto mayor sea la discrepancia entre lo que nos dice y lo que creemos, menos disposición tendremos a escuchar. Por tanto, uno de los motivos por los que es tan difícil que la gente cambie es que no está dispuesta a escuchar aquello que va en contra de sus creencias.

Por eso, cuando se trata de comentar puntos de vista opuestos, vale la pena ser más indirecto: en vez de empezar compartiendo información, hazlo animando a la gente a ser más receptiva y a tener la mente abierta.

Por eso es útil expresar duda. Si transmites que dudas de algo o que no tienes seguridad sobre tus propias creencias, estarás reconociendo que todas las creencias son válidas y, de esta manera, incentivarás a la otra persona a escuchar. Al reconocer que hay temas complejos o con diferentes matices aumentas la receptividad de tu interlocutor.

La inseguridad muestra que te abres a otras perspectivas.[9] Si expresas un poco de duda, sobre todo acerca de temas polémicos, incrementarás tu poder de persuasión.

Los reportajes científicos en publicaciones generalistas, por ejemplo, suelen tratar los resultados de los estudios como más innegables o seguros de lo que son en realidad —por ejemplo, en portada informan de que beber café aumenta el riesgo de cáncer de páncreas o de que hacer ejercicio intenso de vez en cuando es más efectivo que hacerlo de forma continua—. Pero, a pesar de ocupar las portadas de las revistas y de ser excelentes titulares, suelen ser rebatidos meses o años después por otros informes que afirman justo lo contrario, creando así confusión y desconfianza entre los lectores.

No es cierto lo que algunos dicen de que las atenuaciones disminuyen la credibilidad de científicos y periodistas. De hecho, informar o reconocer las limitaciones de un estudio hace que los lectores consideren a esos profesionales como más fiables.[10]

Si la gente sabe que algo no es seguro, resultará perjudicial pretender que lo es; puede parecer demasiado confiado o poco realista y perjudicar nuestra capacidad de persuasión.

Por eso, en situaciones de este tipo lo mejor es expresar duda. Convertir las afirmaciones en preguntas, por ejemplo, es una buena forma de provocar el *feedback*. De esta manera muestras que no te dejas llevar por el dogmatismo, sino que te abres a las opiniones ajenas o a que otras personas participen en el proceso. Sí, tienes tu opinión, pero también te interesa escuchar lo que el resto quiera decir.

Lo mismo se aplica a las atenuaciones y otros tipos de lenguaje tentativo. Palabras como «podría» o «posiblemente» son en realidad un poco vagas y ambiguas, y a los analistas de inteligencia, por ejemplo, se les aconseja no emplear estos términos en sus sesiones informativas, porque se les puede malinterpretar si lo hacen.

Si bien tales palabras indican que algo no es seguro, esta inseguridad no siempre es mala. Sobre todo cuando queremos tener cuidado y no ir más allá de lo que sabemos con seguridad. Por ejemplo, decir que los resultados de un estudio *sugieren*, y no *demuestran*, que X produce Y, indica que puede haber una relación, pero que no es cien por cien segura. Siempre que este sea el objetivo, el lenguaje tentativo es una manera bastante efectiva de comunicarlo.

Haz tu magia

Las palabras hacen mucho más que transmitir información y opiniones; indican el grado de seguridad de los comunicadores con respecto a la información y las opiniones que expresan. Del mismo modo, influyen en la percepción que se tiene de quien habla y en el impacto de lo que dice.

¿Quieres que te perciban de una forma más positiva? ¿Quieres aumentar tu impacto? Pues…

1. **Reduce las atenuaciones**. Cuando el objetivo sea transmitir confianza, evita palabras y frases del tipo «quizá», «podría» y «en mi opinión», que sugieren que las cosas, y las personas que las dicen, no son ni están del todo seguras.

2. **Usa adverbios de afirmación en lugar de atenuaciones**. Palabras como «ciertamente», «claramente» y «obviamente» indican que lo que dices es algo más que una opinión: es una verdad irrefutable.

3. **No titubees**. Al hablar solemos usar los «ums» y los «ehs», pero su uso excesivo debilita la confianza de la gente en la persona y en su mensaje. Para no titubear en exceso, planifica lo que vas a decir y durante el discurso haz pausas cuando tengas que ordenar tus ideas.

4. **Convierte los pasados en presentes**. Emplea el tiempo presente para comunicar confianza e incrementar tu poder de persuasión; también para denotar seguridad: por

ejemplo, «me gusta este libro», en vez de «me gustó este libro».

5. **Cuándo expresar duda**. Si bien es cierto que mostrar seguridad suele ser beneficioso, para demostrar apertura de mente y receptividad a otras opiniones hay que expresar duda.

Sacando partido al lenguaje de la confianza demuestras tus conocimientos, indicas que te abres a puntos de vista opuestos y animas a los demás a aceptar tus sugerencias.

Por ahora hemos hablado de dos tipos de palabras mágicas: las que activan la identidad y la voluntad de actuar, y las que transmiten confianza. A continuación, abordaremos un tercer tipo de palabras mágicas: las que nos ayudan a formular las preguntas adecuadas.

3

Palabras para formular las preguntas adecuadas

Hay varias maneras de salir del paso cuando nos encontramos ante una tarea que no sabemos resolver o un proyecto más difícil de lo esperado: podemos buscar en internet, pensar en enfoques alternativos o recurrir al método de ensayo y error confiando en que salga bien.

Sin embargo, existe otra solución que solemos evitar: pedir consejo. Podríamos preguntar a un colega del trabajo o a un amigo si nos puede ayudar, pero no solemos hacerlo. No queremos molestar, a fin de cuentas tampoco sabemos si nos van a poder ayudar; y, aunque pudieran, nos preocupa que piensen que somos un poquito inútiles. Muchas veces creemos que pedir consejo nos hace parecer incompetentes, y por eso no lo pedimos.

¿Está equivocada esta intuición?

———————————

En el año 2015, una pareja de colegas míos de Wharton y un científico conductual de Harvard pidieron a un grupo de personas que resolvieran una serie de acertijos[1] que incluían preguntas fáciles como «¿quién fue el primer presidente de Estados Unidos?» (R: George Washington) y otras muy difíciles, como «¿cuál es la definición correcta de sesquipedal?» (R: tendencia a emplear palabras largas).

A estos participantes se les dijo que al equipo de investigación le interesaba ver cómo la comunicación influye en la resolución de problemas, y que, por lo tanto, a cada cual se le emparejaría con otro participante anónimo para comunicarse entre sí durante el estudio. Cada participante debía resolver primero una serie de acertijos que a continuación su pareja también resolvería.

Después de completar la primera serie de acertijos, se les dijo que lo habían hecho bastante bien (habían acertado siete de diez), pero que sus parejas no lo habían hecho tan bien (habían acertado seis de diez). Después recibieron una nota de sus parejas: en algunos casos, solo era un saludo («Hola») o unas pocas palabras de solidaridad («Hola, somos un equipo»), pero a otros se les añadía una pregunta al final: «Hola. ¿Tienes algún consejo para mí?».

En realidad, la pareja no existía. A los investigadores les interesaba comprobar cómo se percibe a las personas cuando piden consejo. Querían ver si, en comparación con saludarse sin más, pedir consejo las llevaría a ser consideradas de una manera más positiva o negativa. Así que emparejaron a los participantes con un individuo simulado por ordenador para ver cómo lo que decía la «pareja» moldeaba su percepción.

Después de recibir el mensaje de su «pareja», los participantes tenían que calificar a esa persona en una serie de dimensiones: cómo de capaz creían que era, así como lo experta y cualificada que parecía ser.

Si fuera cierto que pedir consejo hace que la gente parezca menos competente, los participantes en el estudio deberían haber pensado peor de las parejas que lo hacían, es decir, que eran más dependientes o inferiores.

Pero el resultado fue el contrario.

Cuando el equipo de investigación analizó los resultados, descubrieron que las parejas que pidieron consejo fueron consideradas más competentes. Y la razón tiene que ver con cómo nos sentimos cuando alguien nos pide consejo.

A la gente le gusta sentirse inteligente, pensar que el resto cree que es inteligente o que tiene cosas valiosas que decir.

Por lo tanto, pedir consejo puede hacernos parecer inteligentes, porque acaricia el ego de quien da el consejo. En lugar de pensar que no somos capaces o que somos torpes por preguntar, quienes dan consejos llegan una conclusión diferente: «Es evidente que mi opinión importa, y por eso esta persona me la está pidiendo».*

Pedir consejo es algo así como halagar. Cuando queremos gustar a la gente o que nos quieran, solemos halagar, pero, si bien es cierto que a todo el mundo le gusta que lo alaben, no siempre confiamos en la persona que lo hace; somos lo bastante inteligentes como para darnos cuenta de cuándo esos halagos llevan segundas intenciones. Por lo tanto, a veces son un arma de doble filo.

En cambio, pedir consejo es más efectivo, porque es menos manifiesto. Hacerlo en vez de decir a alguien que es una persona maravillosa implica manifestarle que la tienes en alta estima, que crees que es inteligente y valoras su opinión.

---

* Igual que ocurre con cualquier estrategia, hay algunas excepciones: pedir consejo a la gente sobre algo de lo que no sabe nada o sobre cosas que uno debería resolver por su cuenta es contraproducente.

Por tanto, no solo es bueno por la información que aporta, sino también porque hace que quien lo pide parezca más competente. En definitiva, quien aconseja se siente más inteligente y seguro de sí, y quien pide el consejo tiene una autopercepción más positiva también.

LAS VENTAJAS DE PREGUNTAR

Pedir consejo es solo un ejemplo de una categoría lingüística más amplia: hacer preguntas.

Tanto en el trabajo como en casa, estamos todo el tiempo haciendo preguntas (y respondiéndolas). ¿Qué solución ves mejor? ¿Cuánto costará esto? ¿Puedes ir a buscar a los niños al entrenamiento? Se calcula que la gente hace y responde cientos de preguntas al día.

Las preguntas tienen muchas funciones: recabar información o satisfacer una curiosidad. Pero también influyen en la manera de percibir a la persona que pregunta, en el flujo de la conversación y en la relación social entre quienes hablan.

En cualquier interacción social se podrían hacer infinidad de preguntas: sobre el trabajo de la otra persona, sus intereses o incluso lo que ha desayunado hoy.

Y, mientras que algunas preguntas parecen facilitar las relaciones sociales, otras son menos beneficiosas. Si, por ejemplo, preguntas algo embarazoso o indiscreto a alguien, lo más seguro es que no le apetezca volver a hablar contigo en otra ocasión.

¿Hay, pues, preguntas más efectivas que otras? ¿Cómo saber qué tipo de preguntas debes hacer?

Existen cuatro estrategias que puedes seguir para hacer mejores preguntas: (1) formula preguntas de seguimiento,

(2) desvía las preguntas difíciles, (3) evita hacer suposiciones y (4) empieza por preguntas fáciles y ve profundizando.

FORMULA PREGUNTAS DE SEGUIMIENTO

Se dice que tener éxito en las relaciones interpersonales depende de la personalidad y la apariencia. Hay personas más divertidas, más carismáticas o más atractivas que otras, y estas cualidades de por sí las hacen más agradables.

También se suele decir que la clave está en la similitud interpersonal. Así, por ejemplo, las aves con el mismo plumaje vuelan juntas y la gente con los mismos intereses tiene más o mejores cosas de las que hablar.

Es cierto que estos factores tienen algo que ver en las relaciones interpersonales, pero resulta bastante descorazonador, puesto que poco podemos hacer para cambiarlos: no puedes variar tu altura, es difícil modificar tu personalidad y, aunque es posible que aprendas sobre el *blockchain*, el estoicismo o cualquier otro tema para intentar encajar en un grupo determinado, no es lo que se dice fácil lograrlo.

¿Quiere decir esto que las personas poco atractivas o sin encanto están destinadas al fracaso? ¿O podría haber otra manera de agradar?

Para saber qué condiciona las primeras impresiones, un grupo de investigadores de Stanford y la UC Santa Bárbara analizaron miles de primeras citas.[2] Recabaron información demográfica como la edad, características físicas como la altura y el peso, y otros rasgos como aficiones e intereses. Además, grabaron el momento con micrófonos.

Resultó que, como era de esperar, el aspecto de la persona influía. Las mujeres, por ejemplo, se sentían más atraídas por hombres más altos que ellas. La similitud también tenía relevancia: a los participantes les interesó más la posibilidad de una segunda cita cuando la otra persona tenía intereses y aficiones similares.

Más allá de estos aspectos fijos, los investigadores comprobaron que las palabras usadas también influían. Quienes hacían preguntas causaron una mejor impresión, porque lograban que la otra persona sintiera que congeniaban y que tuviera más interés en una segunda cita.[3]

En todos los ámbitos se han hallado resultados similares. En las conversaciones cotidianas entre desconocidos, por ejemplo, a quienes hacían más preguntas se les consideraba más simpáticos y era más divertido pasar tiempo con ellos. Y, en las interacciones entre médicos y pacientes, los pacientes preferían a los facultativos que les hacían más preguntas sobre su vida y sus experiencias.[4]

Pero cuando estos investigadores analizaron los datos con mayor profundidad se dieron cuenta de que había un tipo determinado de preguntas más efectivas.

Tal como sugieren los resultados del estudio sobre pedir consejo, hacer preguntas indica que nos interesa el punto de vista de la otra persona; que nos preocupamos tanto por ella y por su perspectiva que queremos saber más. Del mismo modo, cuando vamos a una cita o entablamos una conversación, hacer preguntas supone que, en lugar de hablar solo de nosotros mismos, nos interesa la otra persona y lo que tiene que decir.

Por lo tanto, podemos decir que la utilidad de las preguntas dependerá en parte de si demuestran mucho o poco interés por la otra persona.

Preguntas introductorias del tipo «¿cómo estás?» son una parte automática de nuestras conversaciones cotidianas; por lo tanto, no podemos afirmar que la persona está de verdad interesada o si solo está siendo educada.

Las preguntas llamadas «espejo» (en las cuales se repite la idea expresada por la otra persona) tienen un efecto similar. Cuando alguien te pregunta: «¿Qué has comido?», sueles responder algo así como «un bocadillo de jamón, ¿y tú?». Al añadir la pregunta al final de la respuesta estás demostrando cierto interés por la otra persona, pero puesto que devolver las mismas preguntas requiere poco esfuerzo es poco probable que tenga algún beneficio interpersonal. Lo mismo ocurre con las preguntas introductorias, que no se sabe si las hacemos por interés o por simple educación.

Hay otro tipo de preguntas que incluso pueden ser perjudiciales. Si alguien dice: «Me he tomado una semana de vacaciones para ir a la montaña», una respuesta del tipo «¿cuál es tu película favorita?» sería un sinsentido, ya que tiene poca relación con lo que la otra persona ha dicho. Esta respuesta demuestra que no tienes ningún interés en seguir con la conversación o que no estás escuchando a esa persona. Por tanto, hará que no te perciba de forma positiva y será incluso peor que no preguntar nada.

Sin embargo, hay preguntas que enlazan con lo que alguien acaba de decir. Si, por ejemplo, quien sea dice que es muy aficionado a la comida, habría que preguntarle qué tipo de comida le gusta. Si dice que le preocupa que un proyecto nuevo no salga bien, habría que preguntarle por qué lo cree. Y si alguien dice que tiene muchas ganas de que llegue el fin de semana, sería bueno preguntarle qué planes tiene.

Las preguntas de seguimiento animan a tus interlocutores a seguir hablando, a contar más cosas, a dar más detalles o explicarse mejor.

Y tanto si se trata de hablar con personas desconocidas como con amistades, clientes o colegas del trabajo, a las personas que hacen preguntas de seguimiento se las percibe de una manera más positiva. De hecho, cuando los investigadores analizaron esas conversaciones de las primeras citas, descubrieron que las preguntas de seguimiento fueron útiles sobre todo para generar una buena impresión y querer tener una segunda cita.

Las preguntas de seguimiento funcionan porque demuestran sensibilidad, que la otra persona está escuchando y quiere saber más, que no lo hace por cortesía ni pretende cambiar de tema.

¿Quieres gustar a la gente? ¿Quieres demostrarles que les escuchas y que te interesas por lo que dicen? Bien, entonces no te limites a hacerles preguntas, hazles las preguntas *adecuadas*.

Las preguntas de seguimiento indican que estás en sintonía con la otra persona, que te interesa la conversación, que sigues lo que te está diciendo y que tienes ganas de saber más. Valoras lo suficiente a esa persona como para escuchar lo que tiene que decir y formularle más preguntas.

DESVÍA LAS PREGUNTAS DIFÍCILES

Las preguntas de seguimiento son útiles según la situación, pero hay otras que también lo son.

Imagina que te están entrevistando para un trabajo que te encantaría conseguir. Buscas un nuevo reto y crees que es la oportunidad perfecta: una empresa prestigiosa, un puesto de nivel y claras oportunidades de prosperar.

La entrevista empieza bien y parece que le gustas al entrevistador, pero de repente todo cambia: después de preguntarte sobre tu experiencia y las habilidades que puedes aportar al puesto, te pregunta sobre el sueldo que tenías en tu empleo anterior.

Siempre surgen preguntas difíciles de este tipo. Cuando se negocia una venta, se pregunta a los compradores potenciales cuánto están dispuestos a pagar. Si quieres vender tu coche, los posibles compradores te preguntarán sobre las revisiones que le has hecho. Y en las entrevistas de trabajo a los candidatos se les suele preguntar por qué han dejado el empleo anterior, si tienen otras ofertas o si están pensando tener hijos.

Situaciones de este tipo son muy incómodas —incluso ilegales en algunos casos— y te hacen sentir que no hay escapatoria.

El primer instinto es responder con honestidad, de forma directa y diciendo la verdad.

Sin embargo, actuar con honestidad a menudo sale caro. En las negociaciones, por ejemplo, que alguien revele información privada le puede perjudicar. Lo mismo ocurre en las entrevistas de trabajo: decir toda la verdad sobre tu sueldo previo, sobre el motivo por el que dejaste tu anterior empleo o sobre si planeas tener hijos son datos por los que podrían ofrecerte menos dinero o incluso no seleccionarte para el puesto.

Si bien responder con honestidad nos suele perjudicar, las alternativas no son mucho mejores.

Negarse a responder también es un problema, porque a nadie le gusta la gente que lo hace. Además, aunque rechaces responder para no dar información sensible, esa falta de respuesta muchas veces revelará más de lo que pretendes. Si alguien te pregunta por qué dejaste tu anterior trabajo, decir que prefieres no responder sugiere que intentas ocultar información negativa.

Ahora bien, mentir es aún peor. Es posible omitir información relevante, o decir una mentira, pero tendrá consecuencias negativas si se descubre.

En resumen, cuando se trata de responder a preguntas directas difíciles parece que no hay opción buena.

Dos colegas míos de Wharton se preguntaban si existiría una mejor manera de responder.[5] Para comprobarlo, en el año 2019 reclutaron a cientos de personas adultas y les ofrecieron participar en un experimento sobre las negociaciones.

Se les pidió imaginar que poseían una galería de arte y que estaban intentando vender un cuadro titulado *Corazones en primavera*. Les dijeron que habían comprado el cuadro por siete mil dólares y que formaba parte de una serie de un artista denominada *Corazones*.

También se les dijo que el precio que estarían dispuestos a pagar sus posibles compradores dependía de si tenían ya o no algún otro cuadro de la serie. Quienes no tenían todavía otra pieza de la serie podrían pagar unos siete mil dólares, pero quienes ya tuvieran una y quisieran completar la serie quizá pagaran incluso el doble. Se emparejó a cada participante con otro para negociar la posible venta.

Cada conversación se desarrolló de una forma diferente, pero dada la importancia de este aspecto en la negociación todos los participantes preguntaban a sus compradores potenciales si ya tenían otro cuadro de la serie. Y aquí está la clave del experimento: para examinar el impacto de las respuestas a las preguntas difíciles, se manipuló la respuesta de los compradores (que eran cómplices de los investigadores) a la pregunta directa.

En algunos casos respondían con sinceridad: decían tener otras piezas de la colección *Corazones*, lo cual indicaba su disposición a pagar más por el nuevo cuadro.

En cambio, en otros casos el comprador no quería responder, decía que no estaba preparado para hablar de su colección en ese momento.

Como era de esperar, la respuesta honesta funcionó muy bien en el plano interpersonal, pero fue un desastre desde el punto de vista económico: los participantes apreciaron mucho que ciertas personas respondiesen con sinceridad, y confiaban en ellas, pero también se llevaron todo su dinero al exigirles el precio más alto posible por el cuadro.

Por otro lado, no querer responder resultó positivo desde el punto de vista económico, pero perjudicial para la relación interpersonal. Es cierto que obtuvieron el cuadro a un precio más bajo, pero sus parejas no confiaron en ellos y pensaron que ocultaban algo.

Los investigadores probaron una tercera estrategia que fue mucho más efectiva; en lugar de dar información o negarse a responder, otro grupo hizo algo diferente: desviaron la respuesta. Así, en lugar de decir si tenían otro cuadro de la serie o negarse a responder, lo que hacían era decir algo así como «¿cuándo se pintaron los otros cuadros de la serie?» o «¿están también a la venta?».

Es decir, respondieron a una pregunta comprometida con otra relacionada.

Es difícil confiar en alguien cuando crees que te está ocultando algo. Por lo tanto, negarse de forma explícita a responder a una pregunta, aunque sea comprometida, suele tener consecuencias negativas.

Pero, mientras que ocultar información está mal visto, buscarla no solo no lo está, sino que es perfecto para demostrar interés. Como vimos en el estudio sobre solicitar consejo, a la gente le gusta que le pidan su opinión.

En consecuencia, responder con una pregunta pertinente da la vuelta a la tortilla: en vez de indicar que te quieres salir por la tangente parecerá que tienes interés y te quieres comprometer; en lugar de aparentar ser desagradable y poco fiable, dará la impresión de que te preocupas y quieres saber más.

Y las preguntas hacen todo esto mientras desvían la atención, puesto que, además de aparentar evasión, el mayor problema de negarse a responder es que con ello no estás cambiando el foco de la conversación; quien ha formulado la pregunta sigue esperando una respuesta y, en todo caso, negarse la hace aún más relevante. Cuando un acusado invoca su derecho de la Quinta Enmienda contra la autoincriminación, eso solo le hace parecer aún más culpable.

Sin embargo, las preguntas son como focos que centran la atención en un tema o hecho determinado. Por lo tanto, respondiendo a una pregunta difícil con otra relevante, pero formulada por ti, estarás desviando la atención de tu persona a otra cosa.

Si en una entrevista de trabajo preguntan a un candidato (o, con más frecuencia, a una candidata) cuándo piensa tener hijos, responder con un «¿tiene usted hijos?» es una manera de redirigir la conversación, pues traslada el foco de atención del candidato al entrevistador. Si esta persona tiene hijos, la conversación podrá versar sobre ellos (cosa que hará que se ablande), y si no, ambos podrán compadecerse del trabajo que dan los niños. Al mismo tiempo, permite a la persona entrevistada no tener que responder a la pregunta inicial, injustamente indiscreta.

Está claro que los investigadores que llevaron a cabo este estudio concluyeron que desviar el tema era la mejor manera de responder a las preguntas comprometidas, porque permitió a sus participantes llegar a un mejor acuerdo (adquirir el cuadro a un precio más bajo) que quienes respondían con honestidad, y también dieron una imagen más fiable y amable que quienes se negaron a responder.

Desviar el tema es una solución que funciona en muchas situaciones. En una negociación, por ejemplo, si te preguntan cuál es el precio máximo que pagarías puedes preguntar a tu vez: «¿Tienes alguna cifra en mente?». O cuando en una entrevista de trabajo indagan sobre tu sueldo en el puesto anterior, puedes responder diciendo: «¿Podrías darme más detalles sobre la franja salarial para este puesto?».

Desviar el tema también funciona cuando, más que ocultar información privada, queremos proteger los sentimientos de quien haya hecho la pregunta. Si alguien desea saber si una presentación ha ido mal o si una prenda de ropa le sienta bien, y la respuesta es no, desviar el tema puede ayudar a suavizar el golpe. Preguntas del tipo «¿cómo crees tú que ha ido?» o «¿dónde puedo comprarme algo parecido?» evitan el *feedback* negativo innecesario y nos permiten decidir si vale la pena comunicarlo con amabilidad o es mejor dejarlo estar.

Lo mismo que ocurre con muchas de las estrategias que estamos comentando, también en el caso de desviar el tema habrá que aplicarlo de forma correcta. Es decir, no se trata solo de responder a una pregunta con otra; para que funcione, la pregunta tiene que ceñirse al tema en cuestión. Si la persona que te hace la entrevista indaga sobre el sueldo que tenías en tu trabajo anterior y le contestas que qué ha desayunado, estarás claramente esquivando la pregunta.

La clave está en formular una pregunta que se ciña al tema y demuestre tu interés, que estás buscando información relevante más que ocultándola.

EVITA HACER SUPOSICIONES

Desviar la pregunta es útil cuando alguien hace una pregunta difícil, pero formular la pregunta adecuada también influye en la capacidad para descubrir la verdad.

Estamos casi siempre intentando recabar información de otras personas. Queremos saber todo lo positivo y negativo de nuestros vecinos, lo bueno y lo malo de un coche usado, o las fortalezas y debilidades de quien se presenta a un proceso de selección para un trabajo.

Por desgracia, las motivaciones de la gente no siempre coinciden con las propias. Los agentes inmobiliarios, por ejemplo, tienen un aliciente para hablar de las buenas escuelas y las calles peatonales que hay en un barrio, pero tal vez no mencionen los asfixiantes impuestos sobre la propiedad que se pagan en esa zona y las restrictivas leyes que se aplican para hacer cualquier obra. Por su parte, los vendedores de coches de segunda mano tienen razones para destacar los vehículos que acaban de ser reparados, pero no hacen referencia a los que no. Y quienes aspiran a un puesto de trabajo quieren referirse a su reciente ascenso (porque incrementa las posibilidades de que le contraten) pero prefieren no hablar de cuando les despidieron por pasarse la jornada laboral mirando las redes sociales.

¿Cómo podemos animar a la gente a divulgar información negativa, aunque esto suponga ponerse en situación de desventaja?

La respuesta más sencilla sería… preguntando. Preguntar al candidato a un puesto si alguna vez le han despedido, o al agente inmobiliario si ese barrio tiene alguna desventaja. Pero resulta que depende de cómo formulemos este tipo de preguntas sensibles si seremos capaces de descubrir la verdad o no.

Para comprobar qué manera de hacer preguntas sensibles es la más adecuada, un equipo de investigadores invitó a unas cien personas a negociar la venta de un iPod de segunda mano.[6] Se les pidió que imaginaran que se lo habían regalado por su cumpleaños y les gustaba, pero habían decidido compararse un iPhone y, dado que ambos tienen las mismas características, ya no necesitaban el iPod.

Por suerte, el dispositivo estaba en muy buenas condiciones: se había mantenido siempre en su funda de plástico para evitar golpes y arañazos, y parecía nuevo. También tenía un montón de canciones en la memoria, que su comprador podía guardar o eliminar.

El único problema era que el iPod se había bloqueado dos veces y al llevarlo a reparar tuvieron que resetear a los valores de fábrica; por tanto, se había borrado toda la música almacenada en el dispositivo. Cada vez que esto ocurrió se perdieron dos horas y no se sabía si volvería a suceder.

Cada participante inició una breve negociación online con un posible comprador. Además de mencionar algunos rasgos generales, este hacía una serie de preguntas. Para ciertos participantes, la pregunta era más general: «¿Podrías decirme algo sobre ese iPod?». Para otros era más directa y específica, sobre si el dispositivo había tenido algún problema hasta el momento: «No tiene ningún problema el iPod, ¿verdad?».

Como es lógico, los vendedores se concentraban en lo positivo: hablaban de la gran cantidad de memoria que tenía, de que estaba muy bien cuidado y de que incluso iba con una funda protectora. Como ocurre con la mayoría de los intercambios de información estratégicos, enfatizaban los aspectos que les beneficiaban.

De hecho, cuando se les hacía alguna pregunta general, del tipo «¿qué puedes decirme sobre el dispositivo?», solo el 8 % de los vendedores se aventuraba a decir que había tenido algún problema de bloqueo en el pasado. Y, aunque podía volver a ocurrir, casi nadie se ofreció a dar ese tipo de información, porque sabían que les perjudicaría en el precio.

Así pues, hacer preguntas, por sí solo, no era suficiente. ¿Serviría de algo entonces hacer preguntas *sobre los problemas*?

Bueno, un poco.

Veamos: si los potenciales compradores preguntaban sobre posibles problemas («El iPod no tiene ningún problema, ¿verdad?»), algunos vendedores mostraban una mayor apertura: cerca del 60 % confesó que su iPod había tenido algún problema de bloqueo.

Pese a que preguntar directamente animó a algunos vendedores a dar la información negativa sobre el dispositivo, cuatro de cada diez seguían evitando responder para crear una impresión más positiva, lo cual implica que los compradores acababan pagando demasiado por el dispositivo casi el 40 % de las veces.

Este hecho resulta un tanto desconcertante, porque, a pesar de habérseles formulado la pregunta más directa posible, los vendedores no daban una respuesta sincera.

Siempre hay gente deshonesta por naturaleza que, cuando se le pregunta algo, encuentra la manera de esquivarlo. Y no se puede hacer nada con quien tiene tendencia a mentir.

Esta puede ser una causa, pero otra podría ser el propio lenguaje. Porque si para saber si el dispositivo ha tenido problemas o no preguntas: «No tiene ningún problema, ¿verdad?», la propia pregunta contiene una suposición: que no lo tiene.

Igual que vimos en los estudios sobre las citas rápidas y sobre pedir consejo, las preguntas que formulas influyen en cómo te perciben los demás. Pero no solo sugieren lo inteligente o amable que eres, sino también las inferencias que otras personas hacen sobre tus conocimientos e intenciones.

Preguntar algo así como «¿puedes decirme algo del iPod?» facilita que quien responde se concentre en lo positivo. Al fin y al cabo, no es una pregunta directa sobre los problemas del dispositivo, por lo que no hay motivo para revelarlos.

Incluso una pregunta más directa («No tiene ningún problema, ¿verdad?») sugiere que el comprador no pretende obtener información real sobre posibles problemas, o que no hay razón para creer que existe alguno. Por lo tanto, el vendedor puede seguir omitiéndolos. En realidad, no está actuando con demasiada honestidad, pero si tiene motivos para destacar lo positivo y pocas posibilidades de que le pillen, la desventaja parece escasa.

Entonces, ¿tenemos que aguantar que la gente nos mienta el 40% de las veces?

No, porque existe un tercer tipo de pregunta que incrementa de forma considerable las posibilidades de obtener una respuesta más sincera.

Incluso sin darnos cuenta, preguntas como «no tiene ningún problema, ¿verdad?» presuponen que no lo hay; porque, aunque se pregunta sobre la existencia de algún problema, al mismo tiempo se comunica la suposición de que no lo hay.

En comparación con una pregunta general, del tipo «¿puedes decirme algo sobre el aparato?», esta sugiere que quien la hace es consciente de que podría haber algún problema, pero también que no le interesa demasiado investigarlo, bien porque supone que no lo hay o porque prefiere no preguntar mucho, porque no quiere líos.

Ahora bien, otra forma de preguntar sobre posibles problemas es dar la vuelta a las suposiciones: presumir que los problemas sí existen.

Preguntas como «¿qué problemas tiene?» logran justo esto: en lugar de suponer que el dispositivo no tiene problemas, lo que haces es suponer que sí los tiene y, por tanto, quieres averiguar cuáles son.

Además, estas preguntas de suposición negativa indican algo sobre la persona que las hace: en vez de no ser consciente de los problemas o de querer evitarlos, sabe que el dispositivo puede tener problemas, y con suficiente seguridad como para preguntar sobre ellos.

En este caso, responder con evasivas es mucho más difícil. El tercer grupo de compradores, que preguntaba: «¿Qué problemas tiene?», obtuvo respuestas mucho más sinceras. Aunque tanto las preguntas de suposición negativa como las de suposición positiva tenían que ver directamente con los problemas, las primeras llevaron a los vendedores a ser un 50 % más proclives a confesar que sí, que el iPod podía tener problemas.*

Lo cierto es que las preguntas no solo *piden* información, también la *revelan*: sobre nuestros conocimientos y suposiciones, e incluso sobre el grado de asertividad que vamos a mostrar.

Por tanto, las preguntas que formulamos, además de influir en cómo nos ven los demás, repercuten en la sinceridad de la respuesta que recibimos. Es evidente que algunas personas mienten o intentan ser evasivas siempre, pero son mucho menos propensas a hacerlo cuando sienten que les pueden pillar.

Y la importancia de hacer este tipo de preguntas va más allá de evitar la mentira.

Los médicos visitan pacientes cada día. Tienen poco tiempo y han de actuar con rapidez; por eso hacen preguntas que les ayudan a ello: «No fumas, ¿verdad?», le preguntarán al paciente

---

* Nos podemos cuestionar si este tipo de preguntas asertivas podría dañar la relación interpersonal. A lo mejor obtenemos la información deseada, pero a cambio de mostrar demasiada impulsividad o un carácter molesto o agresivo. Pero parece que no es así. De hecho, a quienes hacían este tipo de preguntas no se les consideró de forma menos positiva que a otros.

que va a hacerse la revisión anual; o «Estás haciendo suficiente ejercicio, ¿verdad?». Preguntas como estas contribuyen a agilizar las consultas.

Pero hacer preguntas que presumen la ausencia de problemas estimula sin querer un tipo de respuesta determinado. Si un paciente ha estado fumando, o no ha hecho todo el ejercicio que debiera, ¿crees que va a contradecir a su médico? A fin de cuentas, le ha puesto tan fácil decir «sí» o «no» que el camino que ofrece menor resistencia es fingir que no hay ningún problema.

Cuanta más aversión se tenga a revelar algún tipo de información, más fundamental será hacer preguntas que eviten las suposiciones (positivas). Es decir, hay que evitar presuponer que no existen problemas. La gente sabe que su médico desaprobará que fume o que no haga ejercicio, por lo que se servirá de cualquier pretexto para evitar dar esta información. Si ha estado abusando del alcohol o de las drogas, la reticencia a sacar el tema será aún mayor.

Lo mismo ocurre cuando intentas hacer hablar al público. La gente que hace presentaciones o habla sobre temas complejos suele decir: «No tenéis preguntas, ¿verdad?». Si en lugar de eso dijera: «¿Qué preguntas tenéis?» estaría animando al público a intervenir si no entiende algo.

En definitiva, aunque siempre hay motivos para dar la información de una manera selectiva, formular las preguntas adecuadas te ayudará a llegar al fondo de la cuestión, a descubrir cualquier problema que haya y a incorporarlo a tu toma de decisiones.

Pero no basta con actuar de forma directa; has de hacerlo de tal manera que no solo demuestres que eres consciente de que puede haber información negativa, sino que además actúes con la suficiente asertividad para seguir indagando hasta encontrarla.

Es evidente que al dueño de un apartamento no le interesa revelar que en el vecindario se organizan fiestas salvajes, que alguien tiene unos niños escandalosos en otro apartamento y un perro que no para de ladrar. Pero una pregunta del tipo «¿qué tal son los vecinos?» tampoco le motivará a dar esta información. En cambio, si formulamos la pregunta de la manera correcta (por ejemplo, «¿ha habido quejas de algún vecino alguna vez?»), evitando las suposiciones (positivas), es probable que obtengamos una respuesta más sincera.

EMPIEZA POR PREGUNTAS FÁCILES Y VE PROFUNDIZANDO

Es muy útil saber qué preguntas hacer. Igual que no todas son igual de buenas, algunas maneras de preguntar resultan más efectivas que otras.

Pero, más allá de *qué* preguntas hacer, hay que saber *cuándo* hacerlas en una conversación.

A finales de los sesenta, un alumno de la Universidad de California en Berkeley, Arthur Aron, dudaba sobre qué investigar. Estaba haciendo un máster en Psicología Social y quería indagar sobre algo que no hubiera sido investigado aún, algo que la gente no creyera que pudiera analizarse de un modo científico, pero sobre lo que él lograra descubrir una manera de descifrarlo.

En esa época empezó a salir con Elaine Spaulding, otra estudiante. Se enamoraron y al besarse él se dio cuenta de dos cosas: primero, de que era la persona con la que quería pasar el resto de su vida, y segundo, de que el amor era el tema que quería investigar.

Cincuenta años más tarde, Arthur y Elaine siguen juntos y han hecho cosas increíbles: han viajado por todo el mundo, han escrito *bestsellers* y han vivido en París, Toronto, Vancouver y Nueva York.

Pero, por el camino, los Aron han modificado la manera de pensar sobre las relaciones personales, desde las de amistad y las amorosas hasta las de personas desconocidas que se encuentran por primera vez.

Su línea de investigación analiza cómo se forman y se mantienen las relaciones, y el papel que estos vínculos juegan en el crecimiento y el desarrollo personal. Han hallado, por ejemplo, que hacer cosas nuevas o emocionantes con la pareja mejora la relación, que las amistades intergrupales reducen los prejuicios, y también los mecanismos neuronales que subyacen a la euforia del amor romántico intenso (una pista: son los mismos que responden al consumo de cocaína).

Sin embargo, algunos de los trabajos que les han dado más fama son los que tratan sobre cómo unir a las personas. Y es que las relaciones intensas son vitales; las conexiones sociales no solo nos proporcionan gente con la que hablar, sino que nos ayudan a ser más felices y a tener mejor salud. La calidad de una relación es un mejor predictor de la felicidad que la riqueza o el éxito, y también es un enorme factor de influencia en la salud. Muchos estudios demuestran que la gente que cuenta con un apoyo social fuerte de su familia, sus amistades o su comunidad presenta índices más bajos de ansiedad y depresión, mayor autoestima y más longevidad.

A pesar de que los beneficios de las relaciones personales son claros, este tipo de relaciones suele tardar un tiempo en desarrollarse. Lo normal es que se requieran múltiples interacciones antes de que dos personas se hagan amigas, y muchas citas —a lo largo de semanas o meses— antes de establecer una relación sentimental firme.

Además, a veces es difícil forjar relaciones sólidas. Por ejemplo, imagina que quieres hacer amistad con alguien que trabaja contigo, o profundizar en una relación que ya tienes. Puedes intentar toparte con esa persona, o buscar una excusa para invitarla a tomar un café, pero suele ser difícil saber exactamente qué decir en esas situaciones.

Los Aron se preguntaron si no habría una manera más eficaz de lograrlo; es decir, un proceso infalible que hiciera que dos personas se sintieran más cerca. Una técnica que los amigos, las futuras parejas e incluso los desconocidos que acaban de encontrarse puedan seguir y que, en menos de una hora, se beneficien de ello.

Parece difícil, incluso imposible; después de todo, la confianza y la intimidad no se construyen en un instante.

A pesar de ello, y aunque parezca increíble, las relaciones sociales se forman y se asientan. Resulta que dos personas desconocidas se sientan una al lado de la otra en un avión y cuando desembarcan ya son amigas; o que colegas del trabajo que no se conocen, o no se gustan, tienen que colaborar en un proyecto y se hacen inseparables a partir de entonces.

A finales de los noventa, los Aron desarrollaron y pusieron a prueba un método para estimular la formación y el fortalecimiento de los vínculos sociales; una técnica para desarrollar intimidad con cualquier persona, en cualquier momento y en cualquier lugar.

Este método se basa, en esencia, en formular las preguntas adecuadas.

Se pedía a dos personas que leyeran y comentaran tres series de preguntas. La primera de todas era bastante sencilla: «Si pudieras

invitar a quien quisieras del mundo a cenar, ¿a quién invitarías?».
Entonces una persona respondía a la pregunta, y después la otra.

Luego pasaban a la siguiente pregunta de esa serie: «¿Te
gustaría ser famoso/a? ¿De qué manera?». Primero respondía
una persona y después la otra, y pasaban a la tercera pregunta:
«Antes de hacer una llamada telefónica, ¿ensayas lo que vas a
decir? ¿Por qué?».

Las parejas hacían turnos leyendo las preguntas y contes-
tándolas, y después se les daban quince minutos para contestar
el mayor número posible de la primera serie de preguntas.

PRIMERA SERIE DE PREGUNTAS

1. Si pudieras invitar a quien quisieras del mundo a cenar, ¿a
   quién invitarías?
2. ¿Te gustaría ser famoso/a? ¿De qué manera?
3. Antes de hacer una llamada telefónica, ¿ensayas lo que vas
   a decir? ¿Por qué?
4. ¿Qué sería para ti un día «perfecto»?
5. ¿Cuándo fue la última vez que cantaste a solas? ¿Y estando
   con alguien?
6. Si pudieras vivir hasta los 90 años, ¿qué elegirías, conservar
   la mente o mantener el cuerpo de una persona de 30 durante los últimos 60 años de tu vida?
7. ¿Tienes alguna corazonada sobre cómo morirás?
8. Nombra tres cosas que crees tener en común con tu pareja
   del experimento.
9. ¿Por qué sientes más agradecimiento en la vida?
10. Si pudieras cambiar algo de tu educación, ¿qué sería?
11. Habla durante cuatro minutos de algún aspecto de tu vida
    con el mayor detalle posible.

12. Si te pudieras despertar mañana teniendo una nueva cualidad o habilidad, ¿cuál sería?

Transcurridos los quince minutos, las parejas pasaban a la siguiente serie de preguntas. Igual que en la primera, se turnaban para leerlas y responder a ellas, y tenían que completar tantas como pudieran en quince minutos.

SEGUNDA SERIE DE PREGUNTAS

1. Si una bola de cristal te pudiera decir la verdad sobre ti, sobre tu vida, tu futuro o cualquier otra cosa, ¿qué le preguntarías?
2. ¿Hay algo que siempre hayas soñado hacer? ¿Por qué no lo has hecho?
3. ¿Cuál es el mayor logro de tu vida?
4. ¿Qué es lo que más valoras en una amistad?
5. ¿Cuál es tu recuerdo más preciado?
6. ¿Cuál es tu peor recuerdo?
7. Si supieras que vas a morir dentro de un año, ¿qué cambiarías de tu forma actual de vivir? ¿Por qué?
8. ¿Qué es para ti la amistad?
9. ¿Qué papel juegan el amor y el afecto en tu vida?
10. Comparte algo que consideres una característica positiva de tu pareja del experimento. Di un total de cinco cosas.
11. ¿Cómo de unida y cariñosa es tu familia? ¿Crees que tu infancia fue más feliz que la de otras personas?
12. ¿Qué piensas de la relación con tu madre?

Después de otros quince minutos, pasaban a la última serie de preguntas.

ÚLTIMA SERIE DE PREGUNTAS

1. Construye tres frases que sean ciertas referidas al pronombre «nosotros». Por ejemplo: «Estamos en esta sala sintiendo…».

2. Completa esta frase: «Me gustaría tener a alguien con quien poder compartir…».

3. Si tuvieras que tener una amistad íntima con tu pareja del experimento, ¿qué cosas tendría que saber?

4. Dile a tu pareja qué te gusta de ella. Actúa con honestidad y dile cosas que no le dirías a alguien que acabas de conocer.

5. Comparte con tu pareja un momento violento de tu vida.

6. ¿Cuándo fue la última vez que lloraste delante de alguien? ¿Y a solas?

7. Dile a tu pareja algo que ya te guste de ella.

8. ¿Hay algo que sea para ti demasiado serio como para bromear?

9. Si fueras a morir esta noche, sin posibilidad de comunicarte con nadie, ¿qué es lo que más lamentarías no haberle dicho a alguien?

10. Tu casa y todo su contenido se está quemando. Después de haber salvado a tus seres queridos y a tus mascotas, tienes tiempo de entrar y salvar algunos objetos. ¿Cuáles serían? ¿Por qué?

11. De todos tus familiares, ¿quién te dolería más que muriera? ¿Por qué?

12. Comparte un problema personal con tu pareja y pídele que te asesore en su resolución. Pídele también que te diga cómo cree que reaccionarías tú ante ese mismo problema si te lo plantearan a ti.

Los Aron hicieron varios experimentos para ver si el método funcionaba.[7] Pidieron a cientos de desconocidos que tuvieran breves conversaciones, y a algunos los invitaron a responder las 36 preguntas. Al final de su interacción, tenían que decir qué grado de intimidad y conexión creían tener con su pareja de conversación.

Se trataba de una interacción de cuarenta y cinco minutos entre dos personas que no se conocían previamente; nada que ver con las semanas o los meses que se suele tardar en forjar los vínculos sociales.

Y, sin embargo, esta interacción basada solo en preguntas tuvo un enorme impacto. Comparada con la de las parejas que apenas conversaron de forma breve, quienes habían respondido a todas las preguntas sentían una mayor cercanía y conexión. En comparación con sus otras relaciones, incluidas amistades, familia y otras personas, afirmaron sentir que su pareja —una persona a la que, no olvidemos, acababan de conocer— se encontraba en un punto intermedio en términos de cercanía.

Además, el método funcionó igual de bien fueran las parejas similares o diferentes. Incluso entre dos personas cuyos valores y preferencias eran diferentes, o que tenían distinta tendencia política, las preguntas ayudaron a que se sintieran más cercanas y conectadas.

Desde entonces, la técnica denominada «amigos rápidos» ha ayudado a crear vínculos emocionales entre miles de desconocidos. Art la emplea con regularidad en sus conferencias y clases de primer curso de la universidad, para ayudar a su alumnado y a su público a hacer amigos. La gente la aplica para facilitar la amistad entre razas y reducir los prejuicios.[8] Incluso se ha utilizado para desarrollar la confianza y mejorar el entendimiento entre la policía y la ciudadanía en ciudades donde la tensión entre ellos es alta.

Pero tan interesante como su utilidad es por qué estas preguntas son tan útiles en primera instancia. ¿Podrían otras hacer la misma función de conexión? Y si no es así, ¿qué tienen estas de especial que resulta tan impactante?

La primera respuesta es fácil: no, no todas las preguntas tienen igual capacidad de conexión. Los desconocidos que entablaron una conversación breve, normal, unidireccional, también formularon y respondieron preguntas (por ejemplo, «¿cómo celebraste el último Halloween?» o «¿qué has hecho el verano pasado?»), pero no desarrollaron el mismo grado de intimidad.

Forjar relaciones cercanas suele implicar abrirse al otro. Los amigos y las parejas no empiezan siendo íntimos, sino intercambiando cumplidos, charlando o rellenando los vacíos conversacionales.

Pero lo que diferencia a estas relaciones pasajeras de las que llegan a ser algo más es que logran pasar de las conversaciones insustanciales a algo más profundo; de revelar cosas sobre uno mismo a aprender cosas sobre el otro y conectar de forma plena entre sí.

Y las preguntas ayudan, pero no cualquier pregunta, sino algunas como «si fueras a morir esta noche sin posibilidad de comunicarte con nadie, ¿qué es lo que más lamentarías no haberle dicho a alguien? ¿Por qué no se lo has dicho aún?».

No estamos hablando de la típica pregunta para cubrir el expediente («¿Cómo estás?»), o de la que haces por educación sobre los planes para el fin de semana; nos referimos a cuestiones profundas, provocadoras, que animan a la gente a pensar, a reflexionar y a generar una respuesta seria.

Preguntas como estas animan a cualquiera a abrirse, a profundizar y a expresar algo sobre sí mismo.

Una solución intuitiva, por lo tanto, sería saltarse las conversaciones banales y pasar directamente a estas preguntas, pero hay un problema: imagina que una persona a la que acabas de conocer te pregunta qué lamentarías no haberle dicho a alguien si fueras a morir. ¿Qué harías? ¿Responderías como si nada, revelando con honestidad cosas sobre ti a pesar de no conocerle de nada?

Lo más probable es que no.

De hecho, seguro que encontrarías una excusa para cortar la conversación. O, si respondieras, lo harías de un modo bastante superficial, porque no sientes la suficiente comodidad para responder con sinceridad, y porque no conoces bastante a esa persona para compartir tus sentimientos con ella. Para abrirse con sinceridad a alguien tiene que existir cierta conexión.

Y aquí está el dilema: porque para que exista esa conexión antes tienes que haber revelado cosas sobre ti.

Este dilema es parte de la razón por la que el método «amigos rápidos» resulta tan efectivo; y es que en vez de pasar enseguida a la parte difícil de la cuestión permite que la gente se vaya abriendo de forma gradual.

Las preguntas iniciales son bastante inocuas; son suaves, fáciles y generales, de las que se hacen para romper el hielo. «¿A quién te gustaría invitar a cenar?» es una pregunta que todo el mundo puede responder. No es privada ni personal, así que la gente se siente a gusto compartiendo su opinión con desconocidos.

Pero, si bien la pregunta te hace sentir la suficiente seguridad para responder, la respuesta empieza a ofrecer ciertas pistas sobre quién eres. Si tu pareja elige a LeBron James, el papa, Albert Einstein o Martin Luther King Jr., te podrás hacer una idea de quién es esa persona y qué cosas valora; si le gusta el deporte, la religión, la ciencia o la justicia social. No te dice todo sobre ella, pero sí empiezan a sentarse unas bases.

Y esta microrrevelación es la que alienta al otro a hacer lo mismo, a revelar algo propio. Y así se va construyendo la relación.

Demostrando que somos vulnerables se fomenta la cercanía, pero es difícil llegar a ese punto. Nos preocupa abrirnos demasiado, hablar de más o que nuestros esfuerzos no sean correspondidos. Mucha gente está dispuesta a actuar en segundo lugar, pero poca quiere tomar la iniciativa.

Las preguntas del método «amigos rápidos» ayudan porque empiezan siendo fáciles y poco a poco se van haciendo más indagadoras y reveladoras. Y, puesto que piden que ambas partes respondan, se aseguran de que todo el mundo contribuye, lo que refuerza la confianza. La manifestación de uno mismo de una forma escalonada, sostenida y recíproca refuerza la conexión y crea lazos entre las personas.

Haz tu magia

Se suele decir que no hay preguntas sin sentido, pero que sí existen unas mejores que otras.

Las preguntas nos sirven para recopilar información, pero también dan información sobre nosotros, dirigen el flujo de las conversaciones y crean vínculos sociales. Por consiguiente, tenemos que saber qué preguntas hacer y cuándo hacerlas.

Cinco consejos a tener en cuenta en este sentido:

1. **Pide consejo.** Sirve para obtener información útil, pero también te hará parecer más inteligente.
2. **Haz preguntas de seguimiento.** En general, hacer preguntas te hará quedar bien y facilitará las interacciones positivas, pero las preguntas de seguimiento son especialmente útiles, porque demuestran que te interesa saber más.
3. **Desvía las preguntas difíciles.** Cuando alguien te haga una pregunta inconveniente, responderle con otra relacionada te permitirá redirigir la conversación en un sentido diferente, mostrando interés y, al mismo tiempo, reservándote la información personal.
4. **Evita hacer suposiciones.** Cuando quieras que alguien revele información potencialmente negativa, ten cuidado con las cuestiones que presuponen ciertas cosas.
5. **Empieza por preguntas sencillas y ve profundizando.** Abrirse requiere que la relación esté consolidada, pero para

llegar a este punto primero tienes que experimentar cierta seguridad. Por lo tanto, para profundizar en las relaciones sociales o convertir a desconocidos en amigos, has de empezar con preguntas fáciles e ir forjando la relación poco a poco a base de fomentar el descubrimiento mutuo.

Si sabes qué preguntar y cuándo dar una mejor impresión, obtendrás información más útil y construirás relaciones más significativas con quienes te rodean.

Además de las preguntas, hay otro tipo de palabras mágicas que merecen nuestra atención, y son las que tienen que ver con la concreción en el lenguaje.

Sacar partido a la concreción del lenguaje

Hace unos años me dirigía al aeropuerto cuando recibí el mensaje que todo viajero teme: me habían cancelado el vuelo. Llevaba un par de días de viaje y estaba deseando llegar a casa. Además, había elegido ese vuelo para llegar a tiempo de acostar a los niños, y ahora, en vez de estar en casa (o por lo menos pasar más tiempo con el cliente al que había ido a visitar), me quedaría sin hacer nada en el aeropuerto.

Lo peor era que la aerolínea había intentado recolocarme en otro vuelo, pero no en uno directo para ese mismo día, sino otro con escalas al día siguiente. Estaba muy enfadado, y telefoneé al servicio de atención al cliente para intentar solucionar el problema.

La persona que estaba al otro lado de la línea era poco eficiente. En lugar de escuchar o intentar comprender mi problema, se empeñaba en seguir lo que parecía un guion: usaba frases hechas, una detrás de otra, intentando demostrar que «se preocupaba» en vez de ponerse manos a la obra. Tras veinte minutos de discusión conseguí que me pusiera en la lista de espera de un vuelo directo que salía esa misma noche, pero para entonces ya estaba muy enfadado.

El conductor del Uber que me llevaba al aeropuerto se compadeció de mí y acabamos entablando conversación. Le mencioné mi frustración y también lo mal que me sentía por los responsables del servicio de atención al cliente, que tenían que lidiar con los problemas de los clientes. No era culpa suya que hubieran cancelado el vuelo, pero ahí estaban, defendiéndose todo el día de los clientes enfadados como yo, uno tras otro.

A mí me parecía un trabajo durísimo, pero el conductor del Uber me dijo que era todo lo contrario. Me comentó que su hija trabajaba en atención al cliente de una aerolínea y que le encantaba. De hecho, era tan buena contentando a los clientes que la empresa la había ascendido para que formara a otros agentes y los ayudara a ser mejores en su labor.

Al principio me sorprendió: hacer felices a los clientes en este contexto parece más que difícil. La mayoría de las llamadas tienen que ver con vuelos cancelados, retrasos o equipaje extraviado, y desde luego el agente no puede chasquear los dedos y como por arte de magia hacer desaparecer esos problemas.

Pero cuando reflexioné sobre ello me di cuenta de una cosa: si su hija era tan buena tratando situaciones difíciles, ¿qué decía para ayudar a solucionarlas? Más allá de lo que los agentes pueden ofrecer (por ejemplo, un reembolso o un vuelo alternativo), ¿hay alguna forma de comunicarse que satisfaga más a los clientes?

Para analizar esta cuestión, Grant Packard y yo recopilamos la información de cientos de llamadas al servicio de atención al cliente de una gran tienda online:[1] un hombre de Arkansas que no podía abrir la maleta que se había comprado; otro de San Luis que había recibido unos zapatos defectuosos; y otro de Sacramento que tenía que devolver un pantalón porque no le quedaba bien.

Con ayuda de una empresa de transcripción y un equipo de ayudantes convertimos las grabaciones en datos. Transcribimos todas las llamadas, separamos lo que decían los agentes y los clientes, e incluso medimos rasgos vocales como el tono y el timbre.

Cada cliente llamaba por un motivo diferente, pero la mayoría de llamadas seguía el mismo guion: el agente se presentaba, el cliente exponía su problema y el agente intentaba solucionarlo. Trataba de averiguar por qué la maleta no se abría o por qué los zapatos eran defectuosos, o le explicaba al comprador del pantalón cómo podía devolverlo. El agente buscaba en su sistema, o chateaba con un gestor y recopilaba la información necesaria. A continuación, una vez resuelto el problema, explicaba lo que había hecho o encontrado, preguntaba al cliente si tenía más preguntas y se despedía.

A pesar de que todas las llamadas tenían una estructura similar, los resultados eran bastante diferentes. Unos clientes estaban contentos con el servicio y defendían la efectividad del agente, pero otros… no tanto.

Es evidente que todo dependía del motivo de la llamada: había quien se ponía en contacto con atención al cliente por problemas con su cuenta o su pedido; a veces por problemas graves, y otras por problemas menores.

Pero, incluso controlando el motivo de la llamada, las características demográficas de los clientes y otra serie de factores, la manera de hablar de los agentes del servicio de atención al cliente jugaba un papel clave; algunas, en concreto, aumentaban la satisfacción del cliente.

Y para entender el papel que juega esto tenemos que conocer primero el cuarto tipo de palabras mágicas, conocido como «concreción lingüística».

Hay tres formas de aplicarla: (1) hacer que la gente se sienta escuchada, (2) hacer concreto lo abstracto y (3) reconocer cuándo es mejor hablar en abstracto.

CÓMO HACER QUE LA GENTE SE SIENTA ESCUCHADA

Hay cosas que son bastante concretas: puertas, mesas, sillas y coches son todos objetos específicos, tangibles y físicos. Puedes verlos y tocarlos. Sabemos muy bien lo que son y podemos incluso dibujarlos mentalmente. Hasta un niño de cinco años sabe dibujar una mesa.

Otras cosas son menos concretas: el amor, la libertad o las ideas, por ejemplo. Son conceptos intangibles, difíciles de comprender. No se trata de objetos físicos que podamos tocar, y es difícil dibujarlos mentalmente. Si le pides a alguien que dibuje la democracia, por ejemplo, es probable que te mire con asombro, porque nadie sabe qué aspecto tiene la democracia.

Aparte de que las cosas sean más o menos concretas, hay muchas situaciones en las que se puede hablar de la misma cosa de una manera más o menos concreta.

Los cubrepiernas de tela vaquera pueden describirse como pantalones o vaqueros. Una tarta puede calificarse como *muy* buena o *deliciosamente* buena. Y, en lugar de hablar de la «transformación digital», podemos referirnos a ella como aquello «que permite a la clientela comprar cosas online igual que en una tienda física». En estos casos, la segunda versión (vaqueros o deliciosamente buena) es más concreta, más específica, más viva, más fácil de dibujar o de imaginar.

Lo mismo ocurre con las llamadas al servicio de atención al cliente que hemos examinado. El agente que responde a alguien que pide ayuda para encontrar un par de zapatillas, por ejemplo, puede contestar que irá a *buscarlas*, que irá a *buscar esas zapatillas*, o que irá a buscar esas *zapatillas Nike de color verde lima*. Quien responde una llamada de alguien que pregunta sobre un envío puede contestar que el paquete le llegará *allí*, que le llegará a su *casa* o que le llegará a su *puerta*. Y a alguien que quiere hacer una devolución le pueden contestar que ya le enviarán *algo*, que le harán un *reembolso* o que le devolverán su *dinero*.

También en estos tres casos la última versión supone un lenguaje más concreto. Esas *zapatillas Nike verde lima* es más concreto que *esas zapatillas*; en su *puerta* es más concreto que *allí*; y, le devolveremos *su dinero* es más concreto que un *reembolso*, que a su vez es más concreto que *algo*. Las palabras usadas en estos casos son más específicas, tangibles y reales.

Aunque estas variaciones parezcan simples giros, influyen en gran medida en lo que sienten los clientes en esa interacción.

Los agentes que utilizan un lenguaje más concreto incrementan de forma significativa la satisfacción de sus clientes, quienes además consideran que ese agente ha sido mucho más eficiente.

Y los beneficios de la concreción lingüística van más allá de cómo se sientan los clientes. Analizamos miles de interacciones por email de otro minorista y descubrimos unos efectos similares en el comportamiento de compra de los usuarios. Cuando los agentes de atención al cliente empleaban un lenguaje más concreto, los clientes pasaban un 30% más de tiempo con el minorista en las siguientes semanas.

Hablar puede parecer barato, pero en cualquier caso el tiempo dedicado a ello no tiene precio.

Ya sea resolviendo problemas o vendiendo productos y servicios, quienes trabajan cara al público tienen que atender a mucha gente cada día. Los agentes de los *call centers* están recibiendo llamadas todo el tiempo, ayudando a un cliente que ha recibido una maleta defectuosa o a otro que tiene un problema con el acceso al sitio web. Los dependientes han de ayudar a una persona a buscar una chaqueta o a otra que quiere devolver unos pantalones. Y los vendedores suelen ir de reunión en reunión con clientes, pregonando las bondades de lo que ofrecen.

En situaciones así, es fácil recurrir a frases hechas. «Me encantará ayudarle con esto» o «siento mucho el problema que ha tenido», donde *esto* o *el problema* en cuestión es una chaqueta, un pantalón o cualquier otra cosa. Este tipo de respuestas abstractas y genéricas ahorran tiempo y esfuerzo, porque se pueden aplicar a casi cualquier situación; pero esta amplia aplicabilidad tiene un inconveniente.

Imagina que estás comprando ropa y ves una camiseta que te gusta, pero no está en el color gris que buscas y pides ayuda a dos dependientes. Uno te dice: «Voy a buscarla», y el otro te dice: «Voy a buscar esta camiseta en gris». Si tuvieras que elegir a uno de los dos, ¿cuál crees que ha escuchado mejor lo que le has dicho?

Cuando les hicimos a cientos de personas preguntas de este tipo, la respuesta más concreta ganó por mayoría absoluta. Se puede recurrir a las respuestas genéricas en cualquier situación, pero por lo general son poco específicas y, por tanto, dejan menos claro si quien habla de manera abstracta nos ha *escuchado* de verdad. Y a todo el mundo le gusta sentir que se le escucha. Si alguien llama al servicio de atención al cliente y pide hablar con un jefe, o si alguien entra en tu despacho y te pide algo, quiere sentir que alguien escucha sus problemas y tiene disposición a ayudarle.

Pero para sentir que nos escuchan han de ocurrir tres cosas. Primero, tenemos que notar que la otra persona *presta atención* a lo que le decimos. Segundo, tenemos que percibir que la otra persona *entiende* lo que le decimos. Y tercero, la otra persona tiene que *demostrar que nos ha escuchado*.

Esta última parte es la clave. Imagina que estás hablando con alguien y no te da ninguna respuesta. A lo mejor ha estado escuchando lo que le has dicho, incluso puede que lo haya entendido todo, pero sin una señal que indique que lo ha hecho es imposible saber si es así o no.

Por tanto, no basta con escuchar. Para que la gente se sienta escuchada hay que demostrárselo, responder de una forma que demuestre que hemos atendido y entendido lo que nos ha dicho.

Por eso el lenguaje concreto es tan valioso. Un agente de atención al cliente puede atender y entender el problema, pero si no se lo demuestra al cliente de ninguna manera, este no lo sabrá.

El lenguaje concreto es una manera de lograrlo. Si lo empleas estás demostrando a la otra persona que no te limitas a seguir el procedimiento, sino que haces el esfuerzo de atender y entender lo que te dice; o, dicho de otra manera, de escuchar.

El lenguaje concreto incrementa la satisfacción del cliente, y también las ventas, porque demuestra a la clientela que se están escuchando sus necesidades. Para responder a las necesidades específicas de cada cliente, primero hay que comprenderlas. Por tanto, aunque «atender» y «entender» tales necesidades sean facetas clave de la escucha, el uso del lenguaje concreto va un paso más allá: *demuestra* que estás escuchando.*

---

* Observa que el lenguaje concreto tiene que ser relevante para la situación. Si un cliente se queja de que los zapatos están mal hechos y el agente utiliza un lenguaje concreto que es irrelevante (por ejemplo, «me hace feliz buscar esta chaqueta para usted»), no incrementará la satisfacción del cliente; de hecho, lo más probable es que la reduzca. El lenguaje concreto solo es efectivo cuando deja claro que la otra persona está atendiendo y entendiendo lo que tú le dices.

Escuchar es básico, pero el objetivo de hacer felices a otras personas demostrándoles que las escuchas es crucial. Aunque escuchemos lo que un cliente nos dice, para que pueda interiorizarlo tenemos que responderle de forma que sepa que le hemos entendido. Y el lenguaje concreto es una forma de lograrlo.

Cuando, por ejemplo, nuestro socio nos habla de un día duro en la oficina, podemos responder algo así como «tiene que haber sido duro» o «qué lata», pero respuestas de este tipo son tan abstractas que seguro que no tienen el impacto pretendido. Son tan generales que no demuestran verdadero interés.

En cambio, el lenguaje concreto es más efectivo: «No puedo creer que el vicepresidente haya llegado 45 minutos tarde» o «qué fastidio que el proyector no haya funcionado». Empleando un lenguaje concreto demostramos que estamos escuchando y nos interesamos.

Lo mismo ocurre cuando interactuamos con clientes. El lenguaje de la concreción demuestra que hemos entendido los detalles y podemos responder a ellos.

Demostrar que estás escuchando es un beneficio del lenguaje concreto, pero resulta que hay algunos otros.

Utilizar el lenguaje concreto para presentar ideas, por ejemplo, facilita su comprensión.[2] El análisis de miles de webs de soporte tecnológico reveló que las que emplean un lenguaje concreto eran consideradas más útiles. En comparación con uno más abstracto (por ejemplo, «acerca de la lista de confianza parcial de seguridad»), el concreto (por ejemplo, «cómo desmontar y mover el teclado», o «comprueba la batería y carga tu reloj») facilita la comprensión del contenido y es más útil para responder a las preguntas de los usuarios.

La concreción en el lenguaje también hace que las cosas se recuerden mejor. Es más fácil que los usuarios recuerden frases y oraciones concretas (por ejemplo, «motor oxidado», «cuando un avión se precipita por la pista y los pasajeros se echan atrás en sus asientos») que otras más abstractas (por ejemplo, «conocimiento disponible» o «el aire en movimiento empujará contra una superficie situada en ángulo respecto a la corriente»).[3]

No es sorprendente que el lenguaje concreto tenga tantos beneficios: retiene la atención, estimula el apoyo y conduce a la acción deseada.[4]

De hecho, la concreción lingüística afecta incluso a las decisiones del comité de libertad condicional. Cuando los presos piden clemencia por sus acciones, quienes dan explicaciones más concretas de sus delitos tienen más posibilidades de obtener la libertad.

HACER CONCRETO LO ABSTRACTO

Dados los beneficios de la concreción, deberíamos preguntarnos por qué no la usamos más a menudo. Al fin y al cabo, si el lenguaje concreto hace que se entiendan más las cosas, que se recuerden mejor y que nuestra actitud sea más positiva, ¿por qué seguimos hablando o escribiendo de una manera abstracta?

Siempre que expresamos una idea, tendemos a saber bastante sobre aquello de lo que hablamos. Así, las personas que se dedican a las ventas conocen los beneficios y las características de sus productos o servicios, los docentes son expertos en la materia que imparten, y el personal directivo pasa meses pensando en los detalles de una nueva iniciativa estratégica. En cierta manera, este conocimiento es una gran ventaja: al conocer los detalles de un producto o servicio podemos centrarnos en los puntos que nos ofrezcan mayores posibilidades de venta para un cliente potencial concreto. Al contar con más experiencia en una materia en particular, podemos ofrecer a los estudiantes ideas relacionadas para entenderla. Y al pasar tiempo pensando con detenimiento sobre una iniciativa nueva, la gente con cargos directivos sabe con exactitud lo que necesita para que su puesta en marcha tenga éxito.

Pero, si bien el conocimiento suele ser una ventaja, también puede suponer una desventaja, porque cuando alguien sabe mucho sobre algo le será difícil recordar lo que es *no* saber demasiado, imaginar qué implica no tener un conocimiento tan profundo sobre la materia en cuestión.

Para calcular lo que otras personas saben o no sobre algo solemos recurrir a nuestro propio nivel de conocimiento como punto de partida. Suponemos que los demás saben tanto como nosotros. Por ejemplo, el personal directivo, cuando habla a sus colegas de una nueva iniciativa, emplea su propio nivel de conocimiento como referencia: si los detalles de la transformación digital son para mí bastante fáciles de entender, para otras personas que tienen la misma experiencia que yo también lo deben de ser.

Y el resultado es que tendemos a comunicarnos con acrónimos, abreviaturas y jergas. Utilizamos palabras, frases y, en general, un lenguaje que solo otros expertos conocen, y nos olvidamos de que, aunque nos resulte fácil de analizar, tal vez para los demás no lo sea.

Pese a que hayamos pasado mucho tiempo pensando acerca de algo, o sepamos mucho sobre ello, con frecuencia no tenemos en cuenta que otras personas pueden no estar en la misma situación.

Por eso solemos hablar de una forma que no les interesa. Piensa, por ejemplo, en la última vez que conversaste con un asesor financiero o que fuiste al mecánico. Tal vez el primero te comentó que una inversión determinada «no es una verdadera fuente de capital», y el segundo que «la junta de la trócola está preparada para los caballos de fuerza y el par de torsión estándar, pero el vehículo está en la actualidad bombeando mucha más potencia que la estándar», respuestas de lo más normales para ellos, pero que a ti te dejaron pensando que estaban hablando otro idioma.

Esta «maldición» tiene un nombre específico: la maldición del conocimiento.[5] Es una maldición porque cuanto más sabemos más suponemos que otras personas saben y, por tanto, acabamos comunicándonos de una forma difícil de entender.

Y la abstracción es la causa.

Cuanto más sabemos sobre algo, más empezamos a pensar en ello de forma abstracta. Buscar soluciones a los problemas pasa a ser una «ideación»; determinar por qué alguien debería comprarte a ti pasa a ser «identificar una proposición de valor»; y Tyler, María, Derek y cientos de nuevas incorporaciones a la empresa pasan a ser el «capital humano». Las declaraciones de objetivos, los planes de marketing y los documentos culturales están llenos de este tipo de lenguaje.

Pero no es un problema solo de la empresa, lo mismo ocurre en casi todos los ámbitos: mecánicos, docentes y asesores financieros, todos tienen su propia jerga. Incluso los médicos suelen ser pésimos comunicadores: entienden y conocen el problema, la enfermedad, pero usan un lenguaje tan abstracto para explicar el diagnóstico o el tratamiento que no lo entendemos (por ejemplo, hablan de «modificar el estilo de vida» y no de «hacer más ejercicio»).

Tenemos, sin más remedio, que hacer concreto lo abstracto. Cuando hablamos con colegas, clientes, estudiantes, vendedores, pacientes o programadores, hemos de tomar las ideas abstractas y hacerlas reales mediante un lenguaje concreto. Debemos ayudar a la gente a entender lo que estamos diciendo.

Es más fácil entender lo que alguien dice cuando se refiere a un teléfono en lugar de a un dispositivo. También, describir un coche como deportivo, rojo o descapotable se entiende mejor. Y en vez de decir que «buscaremos» una talla más grande, utilizar un lenguaje más visual y específico (por ejemplo, «ir al almacén») convencerá a los clientes de que vamos a intentar resolver su problema a toda costa.

A continuación figuran algunos otros ejemplos de lenguaje más y menos concreto. También puedes consultar http://textanalyzer.org/ para medir el grado de concreción de un texto.

Menos concreto		Más concreto
Pantalones	➡	Vaqueros
Reembolso	➡	Devolver el dinero
Mueble	➡	Mesa
Esta	➡	Camiseta
Muy	➡	Deliciosamente
Bien	➡	Efusivamente
Buscar	➡	Ir al almacén
Solventar	➡	Arreglar

CÓMO RECONOCER CUÁNDO ES MEJOR HABLAR EN ABSTRACTO

Hasta ahora hemos abordado por qué el lenguaje concreto es beneficioso: indica que estás escuchando, es más fácil de entender y más efectivo.

Pero ¿es siempre beneficioso? ¿O hay situaciones en las que es mejor el abstracto?

Dondequiera que mires hay una nueva *startup* con una buena valoración. En 2007, Brian Chesky y Joe Gebbia no podían pagar el alquiler de su apartamento de San Francisco y decidieron poner un colchón hinchable en el salón y alquilárselo a la gente que visitaba la ciudad para asistir a un importante congreso de diseño que se celebraba allí. Ahora su compañía, Airbnb, vale más de cien mil millones de dólares. Otros dos amigos se quejaban de que era muy difícil pillar un taxi y decidieron crear la aplicación Uber, con una valoración similar actual a la de Airbnb. Dropbox, DoorDash, Stitch Fix, ClassPass, Robinhood, Warby Parker, Grammarly, Instacart y Allbirds son solo unas cuantas de las *startups* «unicornio» que valen hoy en día más de mil millones de dólares.

Pero antes de que fueran unicornios, una de las primeras cosas que tuvieron que hacer sus fundadores fue recaudar fondos. Además de tener la idea, tuvieron que convencer a los inversores para que aportaran capital y así empezar a crear una empresa.

Y recaudar fondos es una labor difícil. La famosa aceleradora de *startups* tecnológicas Y Combinator recibe más de veinte mil solicitudes al año y acaba financiando a menos de doscientas empresas. La mayoría de los fondos de capital riesgo apoyan a un número aún menor.

Los fundadores de estas empresas crean plataformas de lanzamiento, elaboran presentaciones y lanzan aplicaciones de financiación, pero ¿qué hace que algunas presentaciones tengan más éxito que otras? ¿Por qué ciertas *startups* obtienen financiación y otras muchas no?

En 2020, un profesor de la Harvard Business School y su equipo analizaron las solicitudes de financiación de todo un año.[6] Una firma de capital riesgo buscaba participar en el capital de empresas recién creadas y con interés en expandirse; empresas nuevas que estuvieran preparadas para un crecimiento a largo plazo. La firma estaba dispuesta a invertir hasta dos millones de dólares en cada *startup* en un principio, con la posibilidad de incrementar esa inversión hasta cinco y diez millones en las siguientes rondas de financiación.

Como era de suponer, la firma recibió miles de solicitudes de empresas tanto tecnológicas como financieras, de servicios médicos y B2B. Además de ofrecer información sobre su empresa y su equipo fundador, los solicitantes también ofrecían un resumen ejecutivo sobre la empresa.

Por ejemplo, la presentación para inversores de una empresa que fabrica un dispositivo portátil para medir el nivel de alcohol en sangre decía lo siguiente:

> Muchos bebedores sociales pueden identificarse con la experiencia de levantarse por la mañana después de haber salido la noche anterior y desear haber tomado por lo menos una copa menos. […] Puede que tengan resaca […] que se hayan saltado la dieta […] o que no recuerden todo lo que pasó

la noche anterior. Pero no sufren una adicción; no quieren dejar de beber, aunque les gustaría dar con las herramientas para no traspasar la línea entre disfrutar de la bebida y levantarse fatal. Nosotros les proporcionamos estas herramientas.

Por su parte, la presentación de una empresa de tecnología financiera centrada en el *leasing* de equipamiento decía:

Nuestro objetivo es desarrollar soluciones rápidas para pequeñas y medianas empresas, con el fin de abordar los cambios que se esperan en los próximos cuatro o cinco años en la contabilidad de los arrendamientos [...] las reglas de contabilidad actuales se desarrollaron hace treinta años y permitían a los arrendatarios sacar el máximo partido de sus balances. Estas reglas se han criticado durante años [...] porque no reflejan la verdadera posición financiera de las empresas. Un proyecto reciente del Consejo de Normas de Contabilidad aborda esta cuestión exigiendo a los arrendatarios que capitalicen sus arrendamientos. En otras palabras, que los incluyan en el balance.

Los inversores leen la presentación y deciden qué hacer: si la *startup* en cuestión tiene posibilidades de crecer (si es escalable) y si vale la pena invertir en ella.

Para entender las decisiones de financiación, los investigadores examinaron una serie de factores. Se fijaron en el sector al que pertenecía cada *startup*, en si iban dirigidas a empresas o a consumidores, en si ofrecían un producto o un servicio, y en el tamaño del equipo fundador.

Como era de esperar, las características de la empresa jugaron un papel clave. Algunos sectores son considerados de alto crecimiento potencial, mientras que otros no tanto. También importaba lo que las *startups* ofrecían: por ejemplo, los productos tienen más potencial de crecimiento que los servicios.

Pero más allá de la empresa en sí y del área de negocio en la que estuviera centrada el equipo de investigadores también analizó las presentaciones para inversores; es decir, lo que los solicitantes decían y cómo lo decían.

Se podría esperar que el lenguaje de la presentación no tuviera demasiada relevancia; después de todo, el éxito de una inversión depende mucho más del negocio de la empresa o de lo potentes que sean sus líderes.

Pero, incluso controlando estos factores, el lenguaje de las presentaciones tuvo una gran influencia en las decisiones de inversión. Los inversores pensaban que las que empleaban un lenguaje más abstracto tenían más potencial de crecimiento y más habilidad para escalar; este tipo de lenguaje también aumentaba la posibilidad de inversión, incrementando así las posibilidades de que la *startup* superara la ronda inicial de financiación.*

En cierto modo, estas conclusiones son bastante sorprendentes. A fin de cuentas, los inversores son veteranos expertos que han invertido millones de dólares en muchas *startups*. Han visto empresas salir a bolsa por miles de millones y venirse abajo en cuestión de meses. Así que el hecho de que algo tan simple como el lenguaje que emplean sus fundadores influya en la toma de decisiones es, como mínimo, chocante.

Pero aún lo es más que el *tipo* de lenguaje empleado incremente la inversión. Al fin y al cabo, el lenguaje concreto facilita la comprensión, aumenta la capacidad para ser recordado y

---

* Esta es también la razón por la que las mujeres que fundan empresas tienden a tener más problemas para reunir capital. Y es que las mujeres suelen emplear un lenguaje más concreto y describir la empresa que están creando en el momento presente, mientras que los hombres suelen emplear un lenguaje más abstracto y dar una visión más general de cómo será su empresa expandiéndose en el futuro. Como dijo un inversor: «Los hombres describen unicornios y las mujeres describen empresas».

tiene muchos otros beneficios. Así que ¿cómo es que el lenguaje *más* abstracto (y no menos) incrementa la financiación?

La respuesta, según parece, tiene que ver con lo que el lenguaje concreto comunica sobre el potencial. Ya hemos comentado que lo concreto suele relacionarse con aspectos *perceptibles* de las cosas, las acciones y los eventos. Lo que existe aquí y ahora, y que se puede ver, tocar o sentir.

Por tanto, el lenguaje concreto suele ser bastante útil; contribuye a visualizar aquello de lo que se habla y a entender temas complejos. En el contexto del lenguaje de las presentaciones para inversores, por ejemplo, debería ayudar a los inversores potenciales a entender qué hace la empresa y los problemas inmediatos que espera resolver.

Pero cuando se trata de decidir si invertir o no en una *startup*, entender no es lo primero que buscan los inversores. No están intentando comprender de qué va el negocio, sino prever su potencial; es decir, saber no solo si sobrevivirá, sino si prosperará. ¿Qué posibilidades tiene esta empresa de crecer en el futuro? ¿Pocas o muchas? ¿Será fácil que se expanda?

Así, mientras que la concreción en el lenguaje es fantástica para entender la empresa, o temas complejos, cuando se trata de describir el potencial de crecimiento de una compañía el lenguaje abstracto es mucho mejor, porque el concreto se centra en lo tangible, en el aquí y ahora, y el abstracto ofrece una imagen más global.

Tomemos el ejemplo de Uber, la empresa más conocida por su aplicación de transporte. Cuando se fundó en 2009, habría sido fácil describir la empresa como «una aplicación móvil que hace más fácil encontrar un taxi, que conecta a pasajeros y conductores, y que reduce el tiempo de espera». Esta descripción es precisa y da una idea perfecta de lo que ofrece la compañía. Es también muy concreta: usa un lenguaje específico para ayudar a entender la naturaleza del negocio.

Pero no es la única manera de describir a Uber. De hecho, uno de sus cofundadores la posicionó de una forma bastante diferente; la describió como «una solución de transporte que es práctica, fiable y rápidamente accesible a todo el mundo».

En cierto modo, la diferencia entre una descripción y otra parece irrelevante, porque ambas nos dan una idea del espacio general en el que se sitúa Uber y de lo que está intentando hacer.

Pero mientras que la primera descripción es bastante concreta, la del cofundador es más abstracta: en lugar de centrarse en el transporte público *per se* —que tiene un alcance mucho más limitado— llamar a Uber «solución de transporte» hace hincapié en un problema más general que intenta solucionar.

Y esto a su vez incrementa la inversión, porque hace que el mercado potencial parezca mucho más grande. ¿Una aplicación de transporte público? Se me ocurren pocas personas que puedan necesitarla, o pocas situaciones en las que sea útil. Pero ¿una solución de transporte? ¡Guau! Esto sí que es mucho más general. Mucha gente y muchas empresas pueden utilizar algo así y parece que tiene numerosas aplicaciones.*

No somos solo una empresa de tecnología financiera, somos un proveedor de soluciones. No somos un fabricante de dispositivos, somos una compañía dedicada a mejorar la vida de sus clientes.

En vez de concentrarse en un nicho, el lenguaje abstracto hace que el mercado parezca más generalizado. Y este mayor

---

* El lenguaje abstracto también hace que los fundadores parezcan grandes visionarios que no solo se centran en el negocio tal como es ahora, sino también en cómo será en el futuro; no solo en lo que es, sino también en lo que puede llegar a ser. Tienen una visión amplia de lo que es posible y de cómo puede crecer o expandirse la empresa en el futuro.

potencial de crecimiento logra que la empresa se pinte como una inversión más prometedora.

En definitiva, podemos afirmar que el uso de un lenguaje concreto o abstracto dependerá del resultado que queramos obtener.

¿Quieres ayudar a la gente a entender una idea compleja, a sentirse escuchada o a que recuerde lo que le has dicho? El lenguaje concreto será más efectivo. Emplea verbos centrados en las acciones (por ejemplo, caminar, hablar, ayudar o mejorar) y no en los adjetivos (por ejemplo, honesto, agresiva o útil). Refiérete a objetos físicos o emplea un lenguaje evocador para ayudarles a ver lo que estás diciendo.

Pero si lo que quieres es que la gente piense que tu idea tiene muchas posibilidades, o que eres una persona visionaria con grandes perspectivas de futuro, el lenguaje abstracto será mucho más efectivo.

El lenguaje abstracto también sugiere que los comunicadores poseen más poder y serán mejores líderes.[7] Emplearlo para describir actividades cotidianas (por ejemplo, el hecho de ignorar a alguien como «mostrar aversión» en lugar de «no saludar») hace que la gente parezca más centrada en la imagen global y, por tanto, más poderosa, dominante y con el control de la situación. Del mismo modo, escuchar a alguien describir un producto de una manera más abstracta (por ejemplo, decir que es «nutritivo» en vez de que «contiene una gran cantidad de vitaminas») hace parecer que cuenta con más aptitud para dirigir o liderar.

¿Ayuda el lenguaje abstracto a que el público recuerde lo que se ha dicho o a que entienda mejor una idea compleja? Lo más probable es que no, pero si se trata de decidir a quién votar o de ascender a un puesto de liderazgo, tal vez sí llevará en la dirección correcta.

En términos generales, cuando se trata de hacer el lenguaje más concreto o más abstracto, un enfoque útil es centrarse en el *cómo* o en el *por qué*.

¿Quieres actuar de forma más concreta? Fíjate en el *cómo*. ¿Cómo satisface un producto las necesidades del cliente? ¿Cómo aborda un problema importante esta nueva propuesta? Pensar en *cómo* es algo o en *cómo* se hará estimula la concreción; porque se centra en la viabilidad y ayuda a generar descripciones específicas.

¿Quieres actuar de forma más abstracta? Entonces fíjate en el *por qué*. ¿Por qué un producto satisface las necesidades del cliente? ¿Por qué la nueva propuesta aborda un problema importante? Pensar en *por qué* algo es bueno o correcto estimula la abstracción, ya que se centra en su conveniencia y ayuda a generar descripciones abstractas.

Haz tu magia

Es fácil hablar de una manera abstracta. Sobre todo cuando sabemos mucho sobre algo tendemos a comunicarnos de una forma que pensamos que es fácil de entender.

Pero, por desgracia, no suele ser así. Por eso tenemos que aprovechar el poder de la concreción lingüística.

1. **Haz que la gente se sienta escuchada.** ¿Quieres demostrar a alguien que le estás escuchando? Habla de forma concreta; dale detalles específicos que demuestren que estás atendiendo y entendiendo lo que dice.
2. **Exprésate de un modo concreto.** No digas determinadas cosas porque suenen bien; emplea palabras que tus oyentes puedan imaginar. Es mucho más fácil representar en la mente un deportivo rojo que una ideación.
3. **Reconoce cuándo es mejor hablar de forma abstracta.** Pensar en los detalles y centrarse en acciones específicas hace que las cosas sean concretas.

Pero, si bien es cierto que en ocasiones el lenguaje concreto es muy útil, en caso de que el objetivo sea mostrar poder, o hacer parecer que algo tiene un gran potencial de crecimiento, entonces es mejor usar el lenguaje abstracto. En estos casos:

1. **Concéntrate en el por qué**. Pensar en el razonamiento que hay detrás de algo ayuda a mantener un nivel alto y a comunicar esta visión global.

En resumen, siempre que quieras que la gente entienda lo que dices, que se sienta escuchada, o que pretendas reforzar su compromiso, es mejor que emplees un lenguaje concreto.

Por ahora hemos hablado de las palabras que activan la identidad y la voluntad de actuar, que transmiten confianza, que nos permiten hacer las preguntas adecuadas y que sacan partido a la concreción del lenguaje. A continuación, examinaremos un quinto tipo de palabras mágicas: las que expresan emoción.

5
Palabras que expresan emoción

Guy Raz se crio en West Covina, California, y soñaba con ser periodista. No había nada que le hiciera más ilusión que ser reportero de prensa escrita. Los mejores y más brillantes de ese gremio habían empezado en periódicos como el *Chicago Tribune*, así que allí fue a pedir trabajo.

Pero le rechazaron, como también lo hicieron el *Dallas Morning News*, el *Baltimore Sun* y otros periódicos en los que se presentó. Nadie quiso contratarle.

Entonces, a los veintidós años, mientras muchos de sus compañeros de la universidad empezaban a trabajar con sueldos elevados en consultoría o finanzas, Guy aceptó un puesto en el otro extremo de la escala salarial. Puesto que no había obtenido un trabajo en la prensa escrita, acabó aceptando un puesto de aprendiz en un programa de radio.

Pero Guy seguía soñando con ser reportero y en su tiempo libre escribía artículos para cualquiera que los quisiera. Los publicó en varios periódicos, sobre todo en un semanario alternativo gratuito de Washington DC.

Siguió intentándolo, esforzándose y ascendiendo. Así llegó a convertirse en ayudante de producción, director de un estudio y, al final, en corresponsal en el extranjero. Cubrió Europa del Este y los Balcanes, se hizo corresponsal de la CNN en Jerusalén, y después regresó a Estados Unidos para cubrir la información del Pentágono y el Ejército.

Damos un salto al presente y, aunque no reconozcas su nombre, es muy probable que hayas escuchado su voz. En el año 2013, Guy fue presentador y director editorial de *TED Radio Hour*. En 2016, lanzó el podcast empresarial *How I Built This*, y desde entonces ha fundado y presentado otros programas populares, como *Wisdom from the Top*, *Wow in the World* y *The Rewind*. Es la primera persona en la historia del *podcasting* en hacer tres de los veinte programas más descargados, llega a más de 20 millones de oyentes al mes y ha sido calificado como uno de los podcasters más populares de la historia.

Si escuchas sus podcasts enseguida te darás cuenta de por qué es tan popular: es un narrador extraordinario; es imposible no prestarle atención.

Algunos de los temas que Guy trata ya son atractivos en sí, pero él tiene la asombrosa habilidad de convertir *cualquier tema* en algo apasionante. Pueden ir desde la invención de un aspirador hasta la fundación de una empresa de jabones, pasando por los astrónomos alemanes y cómo funciona el sentido del olfato.

En sus años de corresponsal en el extranjero, Guy perfeccionó su técnica, buscando historias personales y dramas humanos detrás de las noticias de actualidad.

Y por el camino se dio cuenta de que las grandes historias suelen tener cosas en común: ingredientes o directrices que ayudan a que todo sea más atractivo. Y para empezar a analizar cuáles son estas cosas comenzaremos hablando de una de las entrevistas de Guy… que estuvo a punto de torcerse.

Hace unos años, Guy estaba entrevistando a Dave Anderson, un prestigioso empresario norteamericano. Entre otras aventuras, Dave había fundado Famous Dave's, la legendaria cadena de barbacoas, y había ayudado a crear Rainforest Café, un grupo de restauración de temática familiar.

Como pasaba con todos los episodios de *How I Built This*, la entrevista trataba de explicar la historia de éxito de Dave: cómo había pasado de tener un pequeño establecimiento de barbacoa en un pueblo de 2300 habitantes a edificar un imperio culinario presente en casi doscientas localidades.

Pero Guy insistía en preguntarle sobre sus fracasos: cómo había naufragado como vendedor de aceite, cómo se había ido a pique su negocio de venta de flores, cómo el consejo de dirección de Famous Dave's había rechazado darle un puesto allí después de que dejara la empresa y quisiera volver.

Dave empezó a ponerse nervioso y enseguida se notó que se sentía frustrado. Entonces, a mitad de la entrevista, se detuvo y exclamó: «¿¡Por qué continúas insistiendo en mis fracasos!?».

Guy le había pillado desprevenido. Dave esperaba que fuera una entrevista para destacar sus éxitos, pero sentía que el presentador intentaba dar una mala imagen de él. No le entusiasmaba compartir un compendio de sus principales errores, y menos ante millones de oyentes. Huelga decir que no le gustó nada la entrevista y que se marchó bastante enfadado.

Dave no es el único. A todo el mundo le gusta centrarse en su éxito, en especial de cara al público: en las cuentas de clientes que hemos conseguido, en el incremento de ventas que hemos logrado y en la gente a la que hemos convencido. Las redes sociales son algo así como un álbum de grandes éxitos. Esta persona ha sido ascendida, esta otra está en Barbados, y otra se ha comprado un coche o ha obtenido un gran reconocimiento.

Creemos que promover este tipo de perspectiva tan seleccionada y barnizada hará que la gente nos quiera, que piense que somos más impresionantes, que vale la pena conocernos o contratarnos.

Pero ¿es correcta esta intuición?

CUANDO LAS IMPERFECCIONES SON UN ACTIVO

En 1966, un equipo de estudiosos del comportamiento humano diseñó un estudio sobre el hecho de cometer errores.[1] Pidieron a estudiantes de la Universidad de Minnesota que vieran los vídeos de un «candidato» (en realidad, un actor) que optaba a entrar en el equipo de Trivial de la universidad.

Por desgracia, el candidato no estaba muy cualificado: respondió solo el 30% de las preguntas de forma correcta y no fue admitido.

Además, lo peor fue que, para parte de los estudiantes, esa persona cometió otro error: derramó con torpeza el café en su traje nuevo.

Un grupo de estudiantes vio un vídeo en el que el candidato se echaba encima el café; otro vio uno en el que no lo hacía.

Como era de esperar, cometer un error dañó la impresión que tenían del candidato: la tuvieron menos positiva quienes le vieron derramar el café respecto a los que no.

Pero el error del café no *siempre* fue mal visto, porque cuando a otros estudiantes se les dijo que el candidato estaba altamente cualificado (es decir, que había contestado de forma correcta el 92 % de las preguntas), el episodio del café hizo que les gustara *más* el candidato, no menos.

El mismo café, el mismo derramamiento sobre sí mismo, pero diferente impacto.

El estudio reveló que los errores por sí mismos no son buenos ni malos; su efecto depende del contexto. Así, cuando un candidato incompetente cometía errores no hacía más que reforzar la impresión negativa que ya tenían los estudiantes de él. Era más de lo mismo.

En cambio, cuando personas competentes cometen errores, el efecto es positivo. Y esto se debe a que nos cuesta mucho identificarnos con la gente de éxito; parece tan perfecta que nos resulta imposible conectar. Por eso los errores pueden ayudar, porque el que las personas muy competentes cometan un fallo de vez en cuando las humaniza, las hace ser más reales, lo cual, a su vez, lleva a que sean más apreciadas.

Este fenómeno, denominado «efecto *pratfall*», es la razón por la que Guy quiso preguntar a Dave sobre algunos de sus puntos débiles. No intentaba avergonzarle ni airear sus trapos sucios, solo quería humanizarle, hacerle más cercano.

Porque si todo lo que sabes sobre una persona es lo que ha hecho bien, difícilmente empatizarás con ella. Te parecerá tan diferente a ti que te costará vincularte. Pero si ha fracasado alguna vez, o ha superado alguna adversidad, entonces te resultará más fácil conectar con ella.

En las semanas posteriores a la entrevista de Guy a Dave, muchos amigos, colegas y clientes escribieron a este último para agradecerle su honestidad. La mayoría conocían sus éxitos, pero no habían pensado en los retos que había tenido que superar para llegar donde estaba. Y conocer esas dificultades, esos momentos duros, les inspiró y les dio la esperanza de que todo era posible.

El efecto *pratfall* demuestra que las imperfecciones son un activo, pero no es más que un ejemplo de un fenómeno mucho mayor, que es el valor de utilizar la emoción.

Hay cuatro maneras de hacerlo: (1) construye una montaña rusa, (2) combina momentos, (3) considera el contexto y (4) activa la inseguridad.

CONSTRUYE UNA MONTAÑA RUSA

Las historias forman parte de nuestra vida cotidiana. Las contamos sobre una reunión, sobre lo que hemos hecho el fin de semana o sobre por qué pensamos que somos ideales para ese trabajo en particular. Contamos historias para aclarar algo, para vender una idea o simplemente para conectar con la gente. Y cuando no contamos historias las consumimos a través de los libros, las películas, los programas de tv y los podcasts.

Algunas historias son mejores que otras, más interesantes, atractivas y fascinantes. En lugar de adormecer al público o incitarle a que busque otra cosa que hacer, hacen que esté al borde de su asiento, con ansia por descubrir qué ocurre a continuación.

No es sorprendente, pues, que tanta gente haya especulado sobre qué hace que una historia sea buena. Kurt Vonnegut, por ejemplo, autor de *Matadero cinco* y *Cuna de gato*, dice que «las historias tienen formas que pueden dibujarse en papel cuadriculado».* En su tesis de máster, «rechazada porque parecía

---

* Aunque Vonnegut puede haber sido uno de los primeros en expresar esta idea de una forma tan persuasiva, el tema en sí es muy antiguo. Ya en el siglo IV a. C., Aristóteles dijo que todas las historias tienen patrones comunes o trayectorias, y que pueden dividirse en tres partes principales. En 1863, Gustav Freytag, escritor alemán, desarrolló el modelo de Aristóteles y sugirió que los dramas se pueden dividir en cinco partes: introducción, desarrollo, clímax, resolución y final. De manera más reciente, todo el mundo, desde narradores hasta lingüistas, literatos y los llamados «médicos guionistas», ha teorizado sobre la estructura de un guion y las formas de una historia.

demasiado simple y divertida», Vonnegut planteaba que los altibajos por los que pasan los personajes pueden representarse de forma gráfica para revelar la forma de la historia.

Pongamos por caso el clásico cuento de *Cenicienta*. La bondadosa heroína ve que su mundo se desmorona cuando su querida madre muere. Su padre se vuelve a casar y la nueva esposa tiene dos hijas que maltratan a la chica de forma constante. Por si fuera poco, su padre también fallece, dejándola a ella como criada de su malvada madrastra.

Pero cuando todo parece perdido las cosas empiezan a mejorar: Cenicienta conoce a su hada madrina, va a un baile y se enamora de un apuesto príncipe. Por desgracia, la obligan a marcharse del baile a medianoche y su madrastra intenta detener al príncipe, que había salido a buscarla. Pero al final Cenicienta y el príncipe se reencuentran y viven felices para siempre.

Vonnegut habría dibujado la historia de Cenicienta de la siguiente manera:

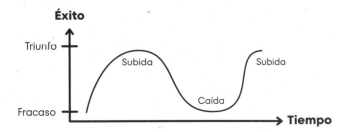

El cuento empieza mal: los padres de Cenicienta han muerto y ella es la criada de su cruel madrastra. Las cosas van mejorando (es invitada al baile y conoce a un príncipe), pero enseguida empeoran (tiene que salir corriendo del baile a medianoche). El cuento termina a muy buen nivel.

Dada la relevancia de las historias, la idea de que adopten «formas» es fascinante. Y en las décadas siguientes a la propuesta de Vonnegut el concepto empezó a atraer el interés popular. Se hicieron virales vídeos suyos sobre las diferentes «formas», y los principales medios de comunicación afirmaban con cierta ansia que todas las historias del mundo podían ser categorizadas en unos pocos patrones comunes.

Si bien el concepto de las formas de las historias es intrigante, hoy en día identificarlas resulta aún más desafiante. Hay quien ha sugerido que el cuento de la Cenicienta tiene una sola forma, mientras que otros le han dado formas muy distintas.

Además, incluso aunque las historias tengan forma, se plantea la cuestión de si esas formas importan en realidad. Una cosa es decir que hay diferentes tipos de historias, pero otra muy distinta es ver si la manera de contar cada una hace que sea más atractiva e impactante.

Para responder a estas preguntas, algunos colegas y yo nos sumergimos en la ciencia de las historias. Empezamos analizando miles de películas, desde grandes producciones como *Forrest Gump* y *Matrix* hasta películas independientes como *The Marsh* y *An Invisible Sign*. Vimos películas recientes, como *Los juegos del hambre* y *Argo*, y otras antiguas, como *Jaws* y la original de *La guerra de las galaxias*.

Y para cuantificar sus formas analizamos las palabras que empleaban.[2]

Algunas son más positivas que otras. Palabras como «sonrisa», «felicidad», «amor» o «arcoíris» lo son mucho.[3] Suelen aparecer en situaciones positivas y la mayoría de la gente se siente bien cuando las escucha.

En cambio, palabras como «pandémico», «funeral», «cruel» y «llanto» son negativas. Representan cosas indeseables que hacen que la mayoría de la gente se sienta mal.

Otras como «en cualquier caso», «repite» y «Pittsburgh» están en medio: se usan para situaciones tanto positivas como negativas, y no hacen sentir a la gente ni feliz ni triste (a no ser que odies o que te encante Pittsburgh).

Bien, descompusimos el guion de cada película en decenas de piezas, cada una de unos pocos cientos de palabras, y medimos la positividad de las palabras en cada parte.*

Los fragmentos que hablaban de un personaje que se reencontraba con un amor perdido, que se reunía con sus amigos o que hallaba un tesoro se puntuaron como relativamente positivas, mientras que las partes que hablaban de una ruptura difícil, una pelea o un héroe a punto de morir se puntuaron como más negativas.

Entonces recurrimos a estas puntuaciones para trazar la trayectoria emocional de cada película. Algo así como la figura del cuento de la Cenicienta; se trataba de ver cómo de positivas o negativas eran las cosas en las diferentes partes de la narración.

Para hacernos una idea de esta representación, la siguiente es la trayectoria emocional del episodio original de *La guerra de las galaxias*.

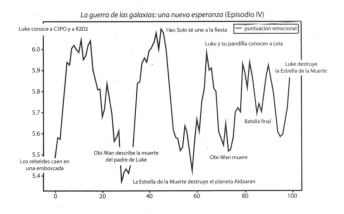

La guerra de las galaxias: una nueva esperanza (Episodio IV)

---

* Aunque cabría preguntarse por la precisión de estas medidas, están muy correlacionadas con los juicios humanos. Así, los fragmentos de texto que se calificaban como más positivos o negativos tendían a ser vistos de la misma forma por la gente.

El personaje principal, Luke Skywalker, es enviado a salvar a la princesa Leia y acabar con el malvado Imperio Galáctico. Hay partes positivas, como cuando Luke se hace amigo de Han Solo y cuando rescata a la princesa y escapa de la Estrella de la Muerte. Pero también hay otras negativas, como cuando los padres de Luke son asesinados y cuando su mentor se sacrifica para permitir que otros escapen. La historia termina con una nota positiva: Luke, ayudado por la voz de su mentor, destruye la nave enemiga y celebra la victoria con sus amigos.*

Una palabra positiva o negativa no revela demasiado por sí sola, pero examinar cientos de ellas juntas da una idea bastante ajustada de lo que está ocurriendo. Cuando el amigo de Luke es *asesinado*, o cuando la granja de su tío es *destruida*, las palabras que acompañan a estas son también negativas; los personajes están tristes o lloran, o están llenos de odio o miedo. En cambio, cuando el villano es *asesinado*, o cuando su nave es *destruida*, las palabras que las acompañan son más optimistas; los personajes están alegres, celebrando, bailando o abrazándose, y el lenguaje es mucho más positivo. Así, las palabras del guion revelan la naturaleza de la acción sin tener siquiera que ver la película.

Una vez rastreadas, podríamos examinar si las películas de éxito tienden a seguir determinados patrones.

Casi todo el mundo prefiere tener experiencias positivas que negativas: mejor que te asciendan a que te despidan, comer un

---

* Esta medida no es perfecta. La palabra «matar», por ejemplo, aparece cuando el héroe mata al villano (un momento muy positivo) y también cuando alguien mata al mejor amigo del héroe (un momento muy negativo). Del mismo modo, la palabra «destruir» no distingue entre si lo destruido es la nave del malo o la granja del tío del héroe. Pero, aunque resulta difícil determinar con exactitud a qué responde cada palabra de manera individual, cuando van en grupo el sentimiento que expresan da una clara sensación de si lo que está ocurriendo es positivo o negativo.

plato apetitoso en vez de uno mediocre, y visitar a amigos y no al dentista. De hecho, si pides a alguien que te describa un día ideal, casi siempre lo llenará de experiencias positivas y omitirá las negativas.

Pero esto no es lo que hace que una historia sea buena.

Imagínate un relato en el que todo haya sido planificado de una manera ideal: el protagonista es querido por todo el mundo, todo lo que quiere lo consigue y retoza por campos de girasoles mientras los pájaros trinan felices melodías. La trayectoria emocional sería algo así:

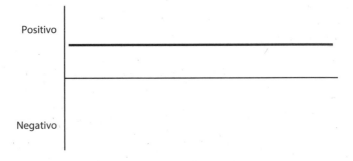

Esto sería perfecto para un anuncio de seguros de vida, pero ¿para una película? Seguro que la gente preferiría ver otra.

Es cierto que, en general, preferimos tener experiencias personales positivas que negativas, pero cuando se trata de leer un libro o ver una película la positividad eterna puede ser un tanto aburrida. En las historias, la tensión es la clave. ¿Acabarán juntos y felices Cenicienta y el príncipe, o se quedará ella fregando suelos toda su vida? ¿Destruirán Luke y la Alianza Rebelde la Estrella de la Muerte, o triunfará el lado oscuro? Si las respuestas fueran obvias no haría falta terminar la historia, pero, como no está claro cuál será el final, nos quedamos para descubrirlo.

En este sentido, muchas historias de éxito siguen una estructura similar. Los personajes tienen que superar pruebas y tribulaciones de todo tipo antes de llegar a un final feliz. Tanto en *La guerra de las galaxias* como en *Harry Potter*, por ejemplo, los héroes han de pasar por la muerte de sus padres. Hacen amigos por el camino y las cosas empiezan a mejorar, pero algo malo les ocurre de repente. Cada barrera o piedra en el camino es algo con lo que los protagonistas han de enfrentarse antes de alcanzar su destino final.

En estos y otros ejemplos similares, la trayectoria emocional parece seguir una forma ondulante, como una cordillera, con largas ascensiones a la cima seguidas de descensos a los valles, y así sucesivamente.

De hecho, al analizar las películas nos dimos cuenta de que las que intercalan momentos muy positivos con otros muy negativos son las de mayor éxito; las que van continuamente del punto emocional más bajo al más alto son las que más gustan.

Los episodios más interesantes de *How I Built This* siguen un modelo similar: un empresario tiene una idea prometedora, algo que cree que cambiará el mundo, pero entonces un proveedor clave se echa atrás en el último minuto. El emprendedor sigue luchando por su objetivo y empieza a hacer algunas ventas, pero justo cuando las cosas empiezan a marchar bien un gran cliente cancela su pedido. Como los pesos en una balanza, lo positivo enseguida se equilibra con lo negativo.

Este patrón es el que hace de Guy un magnífico narrador de historias. Sí, pregunta a los empresarios sobre sus éxitos, los clientes a los que convencieron, las historias que inventaron y los consumidores que lograron atraer.

Pero también lo hace sobre sus fracasos: lo que no funcionó, el dinero que perdieron, los objetivos que no alcanzaron y los rechazos que sufrieron.

Porque intercalar estos puntos negativos con los positivos hace algo más que humanizar a la gente de éxito: construye una historia mejor.

Escuchar que alguien montó una empresa, la hizo crecer con rapidez y la vendió por cien millones de dólares no es tan emocionante. Y, además de no ser sorprendente, en realidad pocas personas pueden contar algo así; la mayoría no hemos tenido nunca un éxito tan inmediato y continuado.

Pero escuchar que un empresario pasó siete años construyendo un prototipo detrás de otro porque todos eran rechazados, o que a alguien le dijeron que no 279 distribuidores antes de que el número 280 le dijera que sí, eso sí que es interesante.

Los puntos bajos (o la desesperación) hacen que los puntos altos sean más interesantes. Es bonito ver que Cenicienta y el príncipe viven juntos y felices al final del cuento, igual que es bonito ver que una empresa despega; pero esta felicidad es aún mayor cuando sabes que la historia podría haber tenido un final muy diferente.* En otras palabras, las victorias se saborean más cuando se arrancan de las fauces de la derrota.

---

* No solo es más atractiva la historia, sino que hace que el público sienta que también puede superar las adversidades de la vida. Después de todo, si esa persona lo hizo, ¿por qué yo no?

EL VALOR DE LA VOLATILIDAD

Hacer hincapié en las dificultades, o intercalar momentos altos y bajos, es lo que hace que una historia sea atractiva. Pero también descubrimos algo más. Consideremos las trayectorias emocionales de dos historias diferentes:

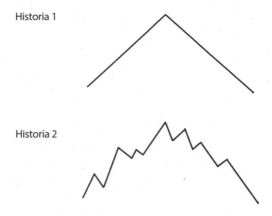

Historia 1

Historia 2

El punto más bajo y el más alto son los mismos, pero las trayectorias emocionales son bastante distintas. En la historia 1, el viaje es suave: los momentos son cada vez más positivos, hasta que llega un punto en que las cosas cambian. Digamos que el trayecto es empinado, pero consistente.

En la historia 2, en cambio, la trayectoria es mucho más irregular. La cima es la misma, pero, en lugar de ir ascendiendo y luego descendiendo, la trayectoria es más escarpada. Las cosas se mueven en una dirección positiva, pero después se vuelven más negativas antes de ser positivas otra vez.

¿Cuál es mejor? ¿La trayectoria suave o la irregular?

Los seres humanos nos adaptamos con asombrosa facilidad a cualquier situación. Que te deje tu pareja o te despidan del trabajo es malo cuando ocurre, pero enseguida nos recuperamos y encontramos el lado bueno de la situación y miramos hacia el futuro con optimismo.

Lo mismo ocurre con las cosas positivas. Conseguir el trabajo o la casa de nuestros sueños genera una sensación maravillosa al principio, pero esta emoción inicial enseguida desaparece.

Imagínate que te toca la lotería. Y que ganas no cinco o diez dólares, sino una cantidad más suculenta: cientos de miles de dólares, o incluso unos pocos millones. ¿Cómo te sentirías? ¿Crees que te serías más feliz?

Cuando hemos preguntado a la gente si experiencias como la de que les toque la lotería influiría en su felicidad, casi siempre nos han dado la misma respuesta: «¡Qué pregunta! *Por supuesto* que sería más feliz. Ganar millones de dólares sería fantástico. Podría pagar todas mis deudas, comprarme un deportivo e incluso dejar de trabajar. Sí, que me toque la lotería me haría *muy* feliz».

Si bien los beneficios de ganar premios y tener mucho dinero parecen obvios, la realidad es un poco más compleja. De hecho, numerosos estudios han comprobado que ganar un premio de la lotería, aunque se trate de sumas sustanciales, tiene poco o ningún impacto en la felicidad.[4]

En cierto modo, esto parece una locura. ¿Cómo puede ser que ganar una gran cantidad de dinero *no* incremente la felicidad? Cientos de millones de personas compran boletos de lotería esperando ganar. ¿Cómo es posible que cumplir su sueño no les haga más felices?

Sin embargo, décadas de estudio sobre la denominada «adaptación hedónica» han revelado que la gente se adapta a su situación.[5] Se trate de experiencias positivas —como ganar un premio importante en la lotería— o negativas —como tener un accidente grave—, acaban adaptándose y volviendo a su nivel normal de felicidad.

Y, puesto que tendemos a adaptarnos, interrumpir algo positivo con otra cosa negativa puede incluso incrementar la felicidad. Pongamos el ejemplo de los anuncios publicitarios: la mayoría de la gente los odia, por lo que eliminarlos debería hacer que los programas de televisión u otro tipo de entretenimiento fueran más agradables, pero resulta que no es así.

Los programas o espectáculos se disfrutan más cuando son interrumpidos por los molestos anuncios.[6] Y esto ocurre porque esos momentos de publicidad, menos divertidos, rompen con la adaptación a la experiencia positiva del programa.

Piensa en la sensación de comer galletas de chocolate. El primer trozo es delicioso: dulce, se derrite en la boca, qué placer. El segundo es bastante bueno. Pero cuando ya llevas cuatro, cinco o diez seguidos, la experiencia no es tan placentera. Te has adaptado.

Ahora bien, intercalar experiencias positivas con otras que lo son menos puede ralentizar la adaptación. Así, comer unas cuantas coles de Bruselas entre los trozos de galleta de chocolate o ver anuncios en medio de un programa de televisión interrumpe el proceso. El momento menos positivo hace que el siguiente positivo sea novedoso y, por tanto, más agradable.

Algo parecido ocurre en las historias. En jerga económica, la «volatilidad» describe la variabilidad de una acción, un activo o un mercado. Los activos más volátiles tienen mayores oscilaciones en su valoración: a veces suben, a veces bajan, pero son tan erráticos que es difícil saber qué y cuándo ocurrirá.

Lo mismo pasa con las narraciones. Las historias emocionalmente volátiles son imprevisibles. Las cosas en general mejoran, sí, pero en un momento dado es difícil saber si van a ir a mejor o a peor. Volviendo a las dos anteriores, la historia 2 es mucho más volátil.

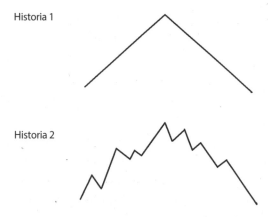

Historia 1

Historia 2

Y esta imprevisibilidad hace el camino más estimulante y aumenta la sensación de agrado. De hecho, al analizar miles de películas descubrimos que la volatilidad mejoraba las historias. El público presta atención para averiguar qué ocurrirá a continuación y, por tanto, disfruta más la experiencia.

Podemos decir, pues, que las grandes historias son un poco como montañas rusas. Ya hemos comentado que las trayectorias suaves o llanas no son tan interesantes; las grandes subidas y bajadas son las que hacen las cosas más divertidas.

Además de estos altibajos, no obstante, los cambios que van ocurriendo en cada momento son fundamentales. ¿Es este el instante en el que se toca fondo? ¿Estamos ya a medio camino de la subida o casi llegando? Esta inseguridad hace el proceso más excitante.*

---

* Guionistas y productores afirman que no se puede reducir algo tan complejo como una película a unos cuantos puntos en un gráfico, y tienen razón. Las películas son complejas y su éxito depende de una variedad de aspectos: intérpretes, fotografía, música, dirección y guion no son más que algunos de ellos. La historia puede ser maravillosa, pero si el reparto o la dirección no son buenos, entonces no tendrá éxito. Aunque limitarse a decir que las películas son complejas es no entender la cuestión. Que sean complejas no quiere decir que no haya ciertos enfoques que tiendan a mejorarlas.

En conjunto, estos hallazgos sobre el lenguaje emocional tienen algunas implicaciones claras. En primer lugar, las imperfecciones pueden ser un plus; ya sea en entrevistas de trabajo o en audiencias públicas, la gente suele tener la necesidad de parecer perfecta, de esconder sus errores debajo de la alfombra.

Pero esta no siempre es la mejor manera de actuar. Cuando a alguien ya se le percibe como competente, que reconozca sus errores puede ser beneficioso. Entre los candidatos a un puesto de trabajo que lo están haciendo bien (quienes van ya por la segunda entrevista), por ejemplo, admitir los errores pasados hace que se les aprecie más, no menos. Porque asumiendo la responsabilidad de sus errores no solo demuestran ser responsables, sino que dan la imagen de ser de fiar. Del mismo modo, el que un director competente explique un fallo suyo del pasado también le hará ser más querido por su equipo.

El desliz, sin embargo, ha de ser algo sin importancia: derramar un vaso sobre alguien o cometer un pequeño error puede hacer que la gente se sienta más identificada. En cambio, un error más relevante para el trabajo en cuestión probablemente se considerará de una forma más negativa.

En segundo lugar, hay que aprovechar los fracasos. Si te piden que expliques tu historia o tu pasado, o que hables de ti en general, seguro que contarás lo más destacable; no revelarás tus fracasos por vergüenza y por no dar una imagen negativa.

Pero esta intuición no es siempre correcta. Todo el mundo se enfrenta a adversidades y fracasa de vez en cuando. Y reconocer los propios errores o dificultades nos hace más creíbles; además, con ello ayudamos a los demás a identificarse con nuestra historia.

En tercer lugar, y partiendo de estas ideas, si sabemos qué es una buena historia podremos ser mejores narradores. Poca gente es buena narradora por naturaleza, la clase de persona que se pone de pie en un bar y empieza a contar algo que cautiva al público.

Pero, con la formación y la práctica adecuadas, cualquiera puede desarrollar esta habilidad. Conociendo cómo funcionan las historias y la base científica que hay detrás de ellas, podemos hacer que cualquiera sea más impactante. Destacando las dificultades —intercalando lo bueno con lo malo— y mezclando los momentos —aprovechando la volatilidad emocional— es posible convertir cualquier historia en increíble.

CONSIDERA EL CONTEXTO

Por ahora nos hemos referido a las emociones como positivas y negativas. Algunas cosas nos hacen sentir bien y otras mal. Palabras como «risa» y «felicidad» son positivas; en cambio, otras como «odio» y «llanto» son negativas.

Pero existe otra diferencia básica de la que no solemos darnos cuenta.

Es viernes por la noche y estás intentando elegir un restaurante. Estás de viaje, fuera de tu ciudad, y no sabes a cuál ir. Hay uno que parece bonito, pero está cerrado por reformas; otro tiene buena comida, pero queda lejos del hotel.

Al final, te quedas con dos opciones que parecen buenas: ambos están cerca del hotel, el precio es razonable y la comida, interesante. Para tomar la decisión final, lees algunas reseñas en internet.

Ambos tienen una puntuación de 4,7 sobre 5. «Es un lugar maravilloso —dice una reseña— y fue muy agradable comer allí». Otra dice: «Es el lugar perfecto, vale la pena comer allí».

¿Cuál de los dos restaurantes eliges?

Si te quedas con el primero, no serás la única persona en hacerlo. Cuando se pidió a cientos que respondieran esta pregunta, el 65 % eligió el primero. Y la razón tiene que ver con la diferencia entre positividad y emotividad.

Cuando se trata de elegir un restaurante, comprar un producto o hacer cualquier elección, lo normal es que tengamos en cuenta las reacciones de otras personas. ¿Les gustó el restaurante o no? ¿Son sus reseñas positivas o negativas?

Es lógico. Queremos comer en buenos restaurantes y evitar los malos. Queremos comprar cosas que a la gente le gustan y evitar las que no. Por tanto, cuanto más positivas sean las opiniones ajenas, más pensamos que nos vamos a sentir igual.

Pero ver las cosas como positivas o negativas, buenas o malas, es limitarlas. Por ejemplo, casi la mitad de las reseñas de restaurantes en Yelp los puntúan con 5 estrellas, y la puntuación media de cualquier producto de Amazon es de 4,2 sobre 5, por lo que es difícil deducir algo de tales puntuaciones.

Además, las puntuaciones más altas no siempre suponen un diagnóstico real. Observando, por ejemplo, más de cien categorías de producto, los investigadores encontraron una relación baja entre la calidad y las puntuaciones de Amazon.[7] Asimismo, en muchos géneros literarios las puntuaciones más altas tenían poca relación con las ventas.[8]

Pero si la positividad por sí sola no es siempre una señal de la calidad o el éxito, ¿entonces qué lo es?

A continuación presentamos unas cuantas parejas de palabras que expresan el mismo grado general de positividad:

Hermoso y Superior
Impresionante y Notable
Infantil e Impreciso
Repulsivo y Absurdo

«Hermoso» y «superior», por ejemplo, indican que algo es muy bueno, e «impresionante» y «notable» indican que algo es bueno, pero no tanto como «hermoso» y «superior». De hecho, cuando se pidió a cientos de personas que puntuaran varias palabras por su positividad, a «hermoso» y «superior» les dieron una puntuación de 8,4 sobre 9, y fueron las palabras positivas con mayor puntuación.

Lo mismo ocurre con las parejas negativas. «Repulsivo» y «absurdo» sugieren que algo es malo, e «infantil» e «impreciso» también, pero no tanto como «repulsivo» y «absurdo».

Si bien las palabras de cada pareja expresan el mismo nivel de buena o mala calidad de algo, también varían en otra dimensión: en su *emotividad*; dicho de otro modo, el grado en que expresan una actitud basada en sentimientos o reacciones emocionales.[9]

Siempre que alguien expresa una actitud u opinión, lo puede hacer de varias maneras. Puede decir que una película le *encanta*, que la *detesta*, le *gusta* o la *evita*, o puede decir que un restaurante es *extraordinario*, *increíble*, *vulgar* o *terrible*. La comida puede ser *deliciosa* o *asquerosa*, el servicio puede ser *espectacular* o *mediocre*.

Estas palabras no solo indican cuánto le gusta algo a alguien, sino también en qué se basa esta evaluación (por ejemplo, emociones versus otros factores).

Sigamos con el ejemplo de un restaurante: si alguien dice que *disfrutó* de la comida, o que le *encantó* el ambiente, sugiere que su opinión está basada en sus sentimientos. Es su reacción emocional a ese lugar. En cambio, si dice que la comida es *sana* o que *su precio es razonable*, le sigue gustando, pero su opinión está basada más en un análisis racional.

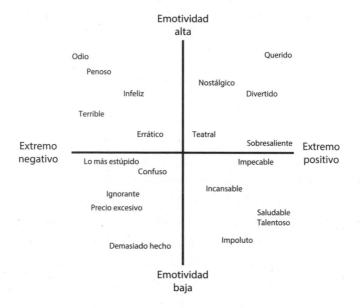

Lo mismo ocurre con los coches. Si alguien dice de un automóvil que es *divertido* de conducir, o que es *increíble*, su opinión está basada en sus sentimientos. Pero si dice que está *bien rematado* o que su consumo de gasolina es *razonable*, no está expresando tanto sus sentimientos como sus reflexiones racionales.

En general, las palabras se pueden ordenar según su positividad y negatividad, bondad o maldad, pero también según su emotividad; dicho de otra manera, si sugieren o no una respuesta basada en los sentimientos.

Los restaurantes con reseñas más emocionales son los que logran más reservas; las películas con reseñas de este tipo tienen más éxito en taquilla, y los libros venden más ejemplares.[10] El uso del lenguaje emocional indica que la gente posee actitudes más fuertes, lo que puede llevar a que sus experiencias ejerzan un mayor impacto en otras personas.[11]

Pero el lenguaje emocional no siempre es persuasivo; dependerá de *la clase de cosa* sobre la que estemos intentando convencer o persuadir.

Se pueden describir los productos o servicios como más hedónicos o más utilitarios. Por ejemplo, la música, las flores y otras cosas hedónicas se consumen por el placer y disfrute que ofrecen. Escuchamos música porque es agradable y compramos flores porque nos hacen sentir bien.

En cambio, el pegamento, la gasolina, la tostadora y otros objetos utilitarios los compramos por razones más funcionales o prácticas: la cola para encolar una silla, la gasolina porque el coche la necesita, y una tostadora para hacer tostadas. Las cosas utilitarias suelen ser más racionales o instrumentales por naturaleza, se compran para satisfacer una necesidad.*

Cuando los investigadores analizaron el impacto del lenguaje emocional en cientos de miles de reseñas de Amazon, hallaron que este tenía diferentes efectos en estos dos ámbitos.[12]

Ya hemos dicho que en el caso de las cosas hedónicas (música, películas y novelas, por ejemplo) el lenguaje emocional incrementa el impacto; las reseñas emocionales son más útiles y hacen que a los consumidores les interese más comprar.

En el caso de la elección del restaurante, por ejemplo, los dos habían sido descritos de forma similar, con palabras muy positivas.

---

* Incluso un mismo producto tiene unos atributos más utilitarios y otros más hedónicos. La amortiguación de unas zapatillas de correr, por ejemplo, o el consumo de combustible de un coche, son atributos utilitarios, mientras que el color de las zapatillas o el diseño del coche son por naturaleza hedónicos.

Restaurante 1	Restaurante 2
«Es un lugar maravilloso y fue muy agradable comer allí».	«Es el lugar perfecto y vale la pena comer allí».

Pero la descripción del restaurante 1 usa un lenguaje más emocional. La palabra «maravilloso» es más emocional que «perfecto», y «agradable» lo es más que «vale la pena».

Por tanto, el mayor grado de emotividad que posee la descripción del primer restaurante hace que más gente lo elija.

En cambio, con los productos utilitarios pasa lo contrario. En el caso de las maquinillas de afeitar, la emotividad no incita a comprar más. Las reseñas emocionales son *menos* útiles y la gente está *menos* dispuesta a comprar estos productos si lee una reseña de esa clase.

Porque la emotividad es buena para lo hedónico, pero mala para lo utilitario. A la hora de seleccionar productos y servicios hedónicos, la emoción es un factor decisivo. La gente quiere que el uso de un deportivo sea excitante, que las películas sean entretenidas y que las vacaciones les resulten divertidas. Por tanto, si se emplean palabras emotivas para describir cosas hedónicas, la gente piensa que le gustarán más esas cosas.

Pero si se trata de elegir y usar productos y servicios utilitarios, evocar emociones no es el verdadero objetivo. La gente quiere que la cola se seque rápido, que la gasolina sea barata y que la tostadora funcione bien. Las cosas utilitarias se suelen comprar para que hagan una función, y la gente las elige porque su raciocinio (no sus emociones) le dice que harán un buen trabajo.

Así pues, que alguien diga que una batidora es «increíble» o «maravillosa» no hará que otras personas quieran comprarla. De hecho, este tipo de lenguaje emocional puede ser contraproducente, porque viola las expectativas de la mayoría sobre lo que está buscando; tanto que incluso puede disminuir la confianza en lo que se ha dicho y en la persona que lo ha dicho.

En general, pues, no solo hay que considerar la positividad del lenguaje, sino también su emotividad.

Cuando estamos anunciando un producto, vendiendo una idea o incluso autopromocionándonos, solemos utilizar un lenguaje positivo. Nuestro producto es «maravilloso», nuestra idea es «innovadora» y somos «muy trabajadores». La comida es «fantástica», el *blockchain* es «transformador» y nuestra habilidad para escribir es «excelente» (sí, lo es, lo prometo).

Pero no basta con decir solo cosas positivas, también tenemos que considerar el contexto. «Brillante», «impresionante», «excelente» y «magnífico» son palabras que sugieren que algo es muy, muy bueno, pero difieren en la cantidad de emotividad que transmiten y, por tanto, pueden ser más o menos efectivas dependiendo del contexto.

Si, por ejemplo, estamos promocionando un producto, servicio o experiencia, ¿es más hedónico o utilitario? ¿La gente lo compra por placer o disfrute, o por razones más funcionales o prácticas?

Si es por disfrute, entonces palabras emotivas como «impresionante» y «precioso» encajarán bien. Decir que una película es «conmovedora», que un destino vacacional es «inspirador» o que una aplicación de meditación es «fantástica» no solo sugiere que estas cosas son buenas, sino que en cierta manera anima a la gente a comprarlas.

Si el producto, servicio o experiencia es más una cuestión de funcionalidad, entonces esas mismas palabras positivas pueden resultar contraproducentes. Otras menos emotivas, como «brillante» o «impecable», por ejemplo, estimularán más la compra y el uso del producto.

Lo mismo ocurre cuando nos autodescribimos. Para hacer el currículum, rellenar una solicitud de empleo o escribir en el perfil de una aplicación de citas siempre intentamos vendernos bien. Y es adecuado que digas más cosas positivas que negativas, claro, y que utilices adjetivos como «divertido» en tu perfil de la app de citas, pero no en una solicitud de trabajo.

Para temas como el currículum o la solicitud de un puesto, la mayoría de los evaluadores tienen una visión utilitaria: buscan gente que pueda resolver un problema y aportar valor, como si se tratara de un producto que ha de cubrir una necesidad.

Por tanto, la elección no consiste en seleccionar solo adjetivos positivos; han de ser los adecuados. En casi todas las situaciones, será mejor poner menos emotividad, a no ser que la compañía se enorgullezca de su cultura corporativa o de que el personal «forma parte de la familia».

Pero en cosas como los perfiles para citas, que son más hedónicos por naturaleza, la gente no anda buscando solucionar un problema, sino a alguien que le haga feliz. En este caso, la emotividad es más útil.

Recuerda, no se trata solo de usar palabras positivas, sino de elegir el *tipo* adecuado de ellas.

Los beneficios del lenguaje emocional también varían en el transcurso de las relaciones sociales. Muchas conversaciones giran en torno a conseguir algo: se organizan reuniones para tomar decisiones, los centros de atención al cliente intentan resolver los problemas de la clientela y las presentaciones de ventas buscan cerrar un trato.

Si bien se suele pensar que es mejor lanzarse a abordar el tema en cuestión, en realidad esto no es lo ideal. Tras analizar cientos de conversaciones orientadas a solventar problemas, descubrimos que lo primero era conectar,[13] empezando con un lenguaje amable y emotivo antes de abordar el tema.

La creación (o el mantenimiento) de las relaciones ayuda a preparar el terreno para lo que venga después; refuerza la conexión social y permite profundizar.

Por tanto, el lenguaje amable y emotivo es particularmente útil al principio de la conversación. Por ejemplo, en el contexto del servicio de atención al cliente, es más efectivo empezar diciendo «¿Cómo puedo *ayudarle*?» (con un lenguaje más emocional) que decir «¿Cómo puedo *solucionar* su problema?».

Empezar con un lenguaje más emocional es beneficioso, sí, pero solo hasta cierto punto. Ser amable está bien, pero al final hay que tomar decisiones y resolver problemas. Y aquí es donde resulta clave emplear un lenguaje más racional. Hemos comprobado que cuando el personal de atención al cliente emplea un lenguaje más emocional al principio y más racional a mitad de la conversación, los clientes quedan más satisfechos con la interacción y compran más.

Así que no te limites a resolver, no te limites a conectar.

Primero conecta y después resuelve.

ACTIVA LA INCERTIDUMBRE

Gracias a la positividad y la emotividad, las palabras transmiten emoción e influyen en las actitudes y en las acciones. Pero hay que destacar otro aspecto.

Quien haya hecho alguna vez una presentación sabe que es fundamental (y muy difícil) mantener la atención de la audiencia. Y las reuniones virtuales no hacen más que empeorar el asunto: la de la presentación es otra ventana más abierta en las pantallas de los oyentes; el correo electrónico también está abierto, y es fácil hacer ver que estás prestando atención cuando en realidad haces otra cosa.

Las personas que se dedican a la creación de contenido se enfrentan a un problema similar. Desde editores hasta medios de comunicación, pasando por comerciantes e *influencers*, todo el mundo intenta atraer y retener la atención de la gente, pero las opciones son tantas y tan variadas que les cuesta mucho lograrlo. Los artículos de noticias aparecen junto a docenas de sucedáneos, y la mayoría, en vez de leer todo el artículo, prefiere pasar de uno a otro y picotear un poco de cada uno.

En vista de este panorama de distracción sin fin, a menudo pensamos que las cosas «interesantes» son las que triunfan y todo lo demás está destinado al fracaso. Artículos sobre nuevos dispositivos tecnológicos, por ejemplo, cotilleos sobre gente famosa o resultados deportivos atraen toda la atención, mientras que temas más relevantes, como el cambio climático o la seguridad de la información, aburren a las ovejas.

¿Están, pues, destinadas al fracaso las ponencias sobre temas menos atractivos? ¿O hay alguna forma de incrementar su interés, incluso para temas por naturaleza menos atrayentes?

Un método común consiste en usar algo así como un «ciberanzuelo» (el famoso *clickbait*). Titulares sensacionalistas del tipo «Antes de renovar tu cuenta en Amazon Prime, lee esto» o «Seis razones habituales por las que estás engordando» son una especie de provocaciones que animan a la gente a hacer clic para saber más.

Las malas presentaciones suelen recurrir a tácticas similares: utilizan chistes, imágenes de famosos u otros trucos para atraer la atención del público y hacer que algo parezca más relevante. Este tipo de técnicas pueden parecer atractivas, pero no son tan efectivas como se cree.

El ciberanzuelo es genial para atraer la atención, pero raras veces consigue retenerla. Mientras que titulares como «Expertos nutricionistas desvelan cuál es el peor carbohidrato de tu dieta» logran que gran cantidad de lectores potenciales hagan clic para saber más («¿Cuál es ese carbohidrato? ¡Quiero saberlo!»), lo normal es que una vez que empiecen a leer se decepcionen. Es cierto que cuenta algo sobre los carbohidratos, pero casi nunca el contenido está a la altura de las promesas del titular. La gente lo abre, lee un par de frases y abandona. Casi nunca acaban leyendo todo el artículo.

Lo mismo ocurre con los trucos publicitarios. A veces cosechan una sonrisa, o que la gente levante la vista del portátil, pero no consiguen enganchar del todo. Atraen la atención, aunque no la retienen.

En estas y otras situaciones parecidas, la diferencia entre *atraer* y *retener* la atención es crucial. Quienes envían mensajes no quieren que sus receptores se limiten a abrirlos; también quieren que los lean. Los líderes no desean que su personal asista a sus presentaciones, sino que, una vez allí, escuchen e interioricen lo que dicen. Y los creadores de contenido, creativos publicitarios y ONG no quieren que sus seguidores se limiten a echar una ojeada a sus políticas, sus vídeos de YouTube y sus documentos técnicos; pretenden que se queden a consumir su contenido.

Para indagar sobre qué retiene en realidad la atención, unos colegas y yo analizamos el modo en que casi un millón de personas consumían decenas de miles de artículos online; no solo si abrían el artículo, sino también qué porcentaje del mismo leían: si solo el titular o unos pocos párrafos; si hojeaban la introducción y lo dejaban, o leían el artículo hasta el final.

Nos dimos cuenta de que algunos temas eran más capaces que otros de retener la atención. Se leía, en general, más de artículos sobre deportes, por ejemplo, que sobre noticias internacionales; y las reseñas de restaurantes retenían más la atención que los artículos sobre educación.

Pero, además del *tema*, influía en la retención de la atención *cómo* habían sido escritos. En concreto, el lenguaje emocional incrementaba la retención: cuanto más emocional fuera, más lo lograba.

Además, analizando la cuestión en profundidad descubrimos que no todas las emociones tenían el mismo efecto. Si bien unas llevaban a retener la atención, otras la disminuían. Había un 30% más de probabilidades de que la gente terminara de leer un artículo si su lenguaje hacía que se sintiera preocupada, por ejemplo, y no triste.

Y para entender el porqué de este fenómeno tenemos primero que comprender cómo el lenguaje emocional moldea la manera que tenemos de ver el mundo.

Pongamos como ejemplo el enfado y la preocupación. Ambos son estados de ánimo negativos: cuando te enfadas no te sientes bien, y cuando te preocupas tampoco.

Pero, a pesar de ser dos emociones similares en cierto sentido, una nos hace sentir más seguridad que la otra.

Piensa en la última vez que te enfadaste: la aerolínea perdió tu maleta, el árbitro no pitó una falta o alguien de atención al cliente te colgó mientras estabas en espera. En estos casos, es probable que sintieras bastante seguridad, pensarías: «Fijo que la aerolínea, el árbitro o la compañía se darán cuenta de que han metido la pata y de que tienen la culpa». Es cierto que cuando nos enfadamos tendemos a sentir bastante confianza. A diferencia de la duda o la indecisión, la ira implica con frecuencia una indignación justa, o la convicción de que tenemos razón y los otros no.

En cambio, la preocupación o la intranquilidad nos dan cierta inseguridad. Piensa en la última vez que te preocupaste por algo: tal vez te inquietaba que la aerolínea perdiera tu maleta, o que tu equipo perdiera el partido, o que te mantuvieran a la espera otros treinta minutos. La preocupación es inseguridad, ambigüedad, duda. No saber qué pasará y tener miedo a que lo que pase sea malo.*

Las emociones positivas también van vinculadas a diferentes grados de certeza. El orgullo, por ejemplo, es relativamente certero; en cambio, la esperanza suele ser incierta.

	Positivo	Negativo
Certeza	Felicidad Orgullo Emoción	Ira Indignación
Incertidumbre	Sorpresa Esperanza	Ansiedad Sorpresa

Resulta que estas diferencias en el grado de incertidumbre ejercen un gran impacto en la atención sostenida. Tras analizar miles de fragmentos de contenido, hemos descubierto que las

---

* Dependiendo de la situación, la tristeza puede ir asociada a seguridad o a inseguridad. A veces te sientes triste, pero con cierta seguridad (por ejemplo, cuando tu perro muere o una amiga tuya se va a vivir a otro país), y otras te sientes triste, pero con cierta inseguridad (por ejemplo, cuando tu perro está enfermo o una amiga tuya está pensando en irse a vivir a otro país).

emociones inciertas fomentan el compromiso; el lenguaje que las evoca (por ejemplo, la ansiedad y la sorpresa) lleva a la gente a seguir leyendo, mientras que el que genera emociones certeras, como la indignación, tiene el efecto contrario.

La incertidumbre, pues, llevaba a la mayoría a seguir leyendo para resolver algo que no sabían. Si no tenían seguridad sobre lo que iba a ocurrir a continuación o cómo acabaría algo, se mantenían alerta para descubrirlo. Es como cuando no sabes si va a llover, que estás todo el rato mirando el tiempo. No saber lo que iba a ocurrir llevaba a la gente a seguir leyendo para resolver la incertidumbre.

Estos resultados tienen implicaciones cruciales. En primer lugar, como ocurre con muchas cosas que hemos comentado, lo importante no es solo *lo que* se dice, sino también *cómo* se dice. Es cierto que algunos temas, ideas, presentaciones o contenido suelen ser por naturaleza más interesantes que otros. A la gente le interesa más saber cómo doblar su sueldo que cómo hacer ahorrar a su empresa en la compra de vuelos. Del mismo modo, los artículos sobre secretos para perder peso suelen tener más interés que los que tratan acerca del cambio climático o la política fiscal.

Pero no es que algunas cosas sean interesantes por naturaleza y otras no: recurriendo al lenguaje y las palabras mágicas adecuados podemos fomentar la atención por cualquier tema, sea o no apasionante.

Esta es una buena noticia para todas las personas y organizaciones que intentan reforzar el compromiso por un tema, en apariencia, menos interesante. Puede que no sea lo más atractivo del mundo, pero con el lenguaje adecuado esto se puede salvar. A la hora de crear presentaciones, escribir emails o elaborar contenidos, elegir las palabras adecuadas hace que cualquier cosa sea más interesante. El estilo empleado compensa la falta de interés del tema en cuestión.

En segundo lugar, el lenguaje emocional es una herramienta muy potente para incrementar el compromiso. Solemos pensar que con hechos se convence mejor. Por tanto, hacemos listas de características de un producto para animar a la clientela a comprar, enumeramos razones para animar a los colegas a cambiar de idea, o llenamos nuestras presentaciones de estadísticas para demostrar que algo es relevante. Y sí, los hechos son útiles. A veces.

Pero muchas otras veces duermen literalmente al público, o lo animan a servirse de nuestra presentación como oportunidad para ponerse a mirar sus redes sociales o el correo electrónico.

Es difícil convencer a la gente sin retener su atención, y aquí es donde el lenguaje emocional puede ayudar. ¿Quieres modificar la opinión de alguien sobre algo? Bien, pues no te limites a decirle por qué es fundamental hacerlo, utiliza el lenguaje emocional para conseguir que le importe y preste atención.

En tercer lugar, el lenguaje emocional puede reforzar el compromiso, pero la clave está en elegir las emociones adecuadas. Las hay positivas y negativas, pero no se trata de hacer que la gente se sienta bien y evitar que se sienta mal. De hecho, hacer sentir orgullosa o feliz a la gente puede llevar a que esté menos dispuesta a escuchar lo que le vas a decir a continuación.

Porque retener la atención no tiene tanto que ver con hacer sentir bien o mal, sino con despertar la curiosidad. Las emociones y el lenguaje inciertos suele hacer que la gente preste más atención. Si ya sabes quién va a ganar un partido, no hay razón para seguir viéndolo, pero si el resultado está en el aire te quedarás ahí para ver quién gana.

Haz tu magia

A todo el mundo le gustaría comunicar de una manera más efectiva: contar mejores historias, tener mejores conversaciones, hacer presentaciones más brillantes o crear excelente contenido. Bien, pues conociendo el valor del lenguaje emocional podremos hacer todo esto y más. Para aprovechar el poder de las emociones:

1. **Destaca tus errores.** Si la gente ya te ve competente, revelar defectos de tu pasado puede hacer que te quiera más, no menos.

2. **Construye una montaña rusa.** Las mejores historias son las que tienen altibajos. Para aumentar la atención has de saber cuándo mostrar lo negativo. Hablar de los fracasos que has sufrido en el camino hace que los éxitos sepan más dulces.

3. **Intercala momentos buenos y malos.** Lo mismo aplica a los momentos: las sendas suaves son fáciles, pero no tan atractivas. Para retener la atención intenta alternar buenos y malos momentos.

4. **Considera el contexto.** Cuando se trata de convencer no basta con decir algo positivo. El lenguaje emocional puede ayudar en los ámbitos hedónicos como las películas o las vacaciones, pero ser contraproducente en ámbitos más prácticos (utilitarios), como la búsqueda de trabajo.

5. **Conecta, después resuelve.** Resolver problemas requiere conocer a la gente. Por tanto, en lugar de saltar directamente a las soluciones, conecta primero con la persona. Empezar con un lenguaje más cálido y emocional te ayudará a disponer las cosas para posteriores discusiones más racionales sobre la solución de problemas.

6. **Activa la incertidumbre.** Las palabras adecuadas pueden hacer que cualquier tema o presentación sea más cautivador. Evocando emociones inciertas (por ejemplo, la sorpresa) lograrás retener la atención de la gente.

En resumen, si entiendes el lenguaje de las emociones podrás moldear la forma en que te perciben, narrar mejor, cautivar a la audiencia y diseñar un contenido más atractivo.

A continuación examinaremos el último tipo de palabras mágicas, que son las que sugieren similitud.

6

Sacar partido a la similitud (y a la diferencia)

¿Por qué a algunas personas las ascienden en el trabajo y a otras no? ¿Por qué ciertas canciones tienen éxito y otras fracasan? ¿Qué hace que algunos libros, películas y programas de televisión se conviertan en grandes éxitos?

Para responder a estas preguntas tenemos que partir de un punto muy diferente: un botellín de cerveza.

Cada 1 de enero, Tim Rooney se tomaba su primera cerveza 400 Pund Monkey de Left Hand. No era su favorita; estaba bien, pero tampoco es que fuera extraordinaria: un poco dulce, un poco cremosa y molestamente amarga. En resumen, floja. Como mucho 3 estrellas sobre 5.

Desde entonces, Tim ha probado numerosas cervezas. Es difícil decir cuántas, pero por lo menos se ha bebido 4200 botellines. Lo sabemos porque ese es el número de cervezas que ha valorado en RateBeer.com: cervezas lager y ale, pilsen y porter, sour y Stout. Desde marcas conocidas que se venden en los supermercados hasta otras artesanales de las que nunca has oído hablar.

Su favorita es The Abyss, de la fábrica Deschutes (5 estrellas: «Su cuerpo es completo y extremadamente espeso, aceitosa, carbonatación suave, con un ligero toque amargo. ¡Fantástica!»). Su menos favorita es la Cave Creek Chili, de la compañía cervecera Black Mountain (0,5 estrellas: «Me encantan las guindillas y me encanta la cerveza, pero esta combinación es TERRIBLE. Bebes dos sorbos y la tiras»). Entre estas dos cervezas hay miles, con descripciones que van desde «ligeramente dulce» hasta «limpia y crujiente, con un color dorado».

Tim es uno de los cientos de miles de zitófilos (o amantes de la cerveza) que usan RateBeer. La web abrió en el año 2000 para que los cerveceros pudieran intercambiar información y compartir opiniones; desde entonces, sus usuarios han dado más de once millones de puntuaciones. En la actualidad es una de las fuentes de información más difundidas, precisas y detalladas sobre la cerveza.

Pero en 2013 unos investigadores de la Universidad de Stanford se interesaron por esta web debido a una razón diferente: querían estudiar el cambio lingüístico.

Los grupos están en flujo constante: se unen miembros nuevos, otros abandonan y, como resultado, las cosas están siempre cambiando. A lo mejor un grupo de colegas del trabajo se reúne siempre a comer en la sala de conferencias, pero un día uno se jubila y entra gente nueva, y se empieza a perder el interés por esas comidas.

Estos investigadores querían entender tales cambios, pero en el contexto del lenguaje. ¿Cómo evolucionan las palabras que emplean los miembros de un grupo? ¿Cambian los nuevos miembros su lenguaje mientras se aclimatan al grupo? ¿Podrían estos cambios dar información sobre qué usuarios tienen probabilidades de quedarse más tiempo en el grupo?

RateBeer era el campo de pruebas perfecto para esto: las reseñas de cada mes sirven de instantánea para saber cómo utiliza el lenguaje la gente en ese momento concreto. Y, puesto que son muchos los usuarios que escriben reseñas, se podía rastrear con facilidad la evolución de su lenguaje desde el momento en que se unían a la comunidad hasta que dejaban de escribir.

Pongamos el ejemplo del olor de la cerveza. En los primeros años de la web, las reseñas solían incluir la palabra «aroma» para hablar del tema (por ejemplo, «tiene un ligero aroma a lúpulo»). Con el tiempo dejaron de incluir este término y lo sustituyeron por la letra *S*, como abreviatura de «*smell*» (olor) (por ejemplo: «Tiene un ligero S a lúpulo»).

El uso de palabras relacionadas con la fruta (como «melocotón» y «piña») también se modificó. Incluso hablando de la misma cerveza, quienes escribían reseñas con el tiempo empezaron a usar términos más afrutados (por ejemplo, «un ligero toque cítrico» o «sabor tropical») para describir el sabor y la textura de una cerveza. La bebida en sí no había cambiado, pero la manera de describirla sí.

Nadie envió una nota a la web diciéndole a la gente que escribiera de tal manera, ni se organizó reunión alguna para acordar un cambio en el lenguaje. Pero, con el tiempo, la terminología evolucionó; la forma de expresarse del grupo mutó como si se tratara de un organismo vivo.

Y el lenguaje de las personas también cambió. Conforme pasaban más tiempo en la web, adoptaban poco a poco el lenguaje de la comunidad. Si comparamos la jerga de alguien en sus primeras reseñas y en las últimas, vemos que hay diferencias considerables. La gente no solo empieza a usar una terminología más específica de la cerveza, como «carbonatación» y «encaje belga» (el residuo que deja la espuma), sino que además deja de emplear palabras como «yo» o «mi», de incluir expresiones como «yo creo…» y «en mi opinión…», y tiende a ceñirse a las normas de reseñas de la web, que es como una lista de hechos objetivos.

Para hacer un análisis más exhaustivo, estos investigadores calcularon la similitud entre el lenguaje de un usuario y el del resto de la comunidad. Es decir, hasta qué punto eran parecidas las palabras de algunos usuarios a las de las otras reseñas de RateBeer en un momento concreto.

Lo que descubrieron fue que el comportamiento de los usuarios en la web podía dividirse en dos etapas bien diferenciadas: la primera era cuando se incorporaban a la comunidad y eran relativamente flexibles; aprendían el lenguaje usado allí y empezaban a emplearlo también, adoptando las convenciones del resto en ese momento.

Pero, tras este periodo inicial de acomodación, los usuarios entraban en una fase más conservadora; dejaban de usar palabras y frases nuevas, y su lenguaje se «calcificaba», se estancaba. La comunidad y sus normas continuaban avanzando, pero los antiguos usuarios no lo hacían.

El lenguaje también ayudó a predecir el tiempo que la gente seguía publicando en la web. Algunos usuarios se mantenían allí durante años, otros solo unos meses, pero sus palabras ofrecían una clara señal de lo que acabarían haciendo. Quienes adoptaban menos convenciones lingüísticas de la web o tenían un periodo más corto de adaptación al lenguaje de la comunidad eran más propensos a abandonar. Así pues, según sus primeras reseñas, se podía predecir cuánto tiempo iban a seguir en la comunidad.

Aunque ni ellos mismos lo sabían, su lenguaje predecía sus acciones futuras.

Los primeros cinco capítulos de este libro hablan sobre los diferentes tipos de palabras mágicas: las que activan la identidad y la voluntad de actuar, las que transmiten confianza, las que sirven para formular las preguntas adecuadas, las que comunican concreción y las que expresan emoción.

Pero para entender de verdad el lenguaje y su impacto tenemos que ponerlo en contexto, saber cómo se relacionan las palabras que usa un individuo con las que usan los demás.

Y esto es lo que logra el citado estudio sobre la cerveza. Porque, más que sugerir que unas palabras son buenas y otras malas, destaca la importancia de la *similitud lingüística*. En este caso, quienes tienen un lenguaje más parecido al del grupo tienden a quedarse en él.

Pero, además, saber si la gente va a seguir contribuyendo a una comunidad online es una de las muchas cosas que la similitud y la distancia ayudan a explicar. Y para aprovechar este poder tenemos que saber: (1) cuándo emplear la similitud, (2) cuando ser diferente, y (3) cómo trazar la progresión correcta.

UTILIZA LA SIMILITUD

La cultura organizacional se ha convertido en un tema de candente actualidad. Es fundamental para la mayoría de las empresas generar una cultura fuerte, mantenerla y contratar al personal que encaje en ella.

Pero ¿qué *es* exactamente la cultura organizacional? Más allá de un concepto vago sobre creencias y valores, ¿puede en realidad medirse? Y encajar en la cultura organizacional ¿influye en el rendimiento de los trabajadores?

Las organizaciones, como las comunidades online de cerveceros, poseen una terminología y unas normas lingüísticas específicas. Es como decir que cada tribu tiene su idioma. Los
fundadores de *startups* hablan de «pivotar», los comerciantes, de
la «omnicanalidad», y los *traders* de Wall Street de «selecciona-
dores de valores» y de los «bonos basura».

Pero más allá de esta jerga y terminología específicas, hay
otras diferencias en la manera en que las organizaciones o los
sectores se sirven del lenguaje: en unos casos tienden a emplear
frases más cortas y escuetas, mientras que en otros las prefieren
más largas; algunos utilizan un lenguaje más concreto y otros
más abstracto.

Para examinar el vínculo entre el lenguaje y el éxito en el
trabajo, un equipo de investigación estudió una fuente de información en la que no solemos pensar demasiado: el correo electrónico.[1] Los trabajadores de las empresas no escriben reseñas
online, pero sí emails; y muchos: pidiendo información a sus
colegas y dando *feedback* sobre el trabajo ajeno; compartiendo
borradores de presentaciones y programando reuniones con
clientes. En resumen, generan un tráfico de miles de mensajes
sobre todo tipo de temas.

Solo por curiosidad, abre un momento tu carpeta de «enviados» y obsérvalos. Pueden parecer cosas normales de trabajo y
personales; triviales incluso, y a menudo lo son, pero no se trata
de cualquier trabajo o asunto personal: son *tu* trabajo y *tus* cosas
personales.

Esas notas sobre los encabezados de un documento en particular o sobre la imagen que debería ir en la página 23 de un
PowerPoint pueden parecer insignificantes, pero ofrecen una
instantánea de lo que ocurría en tu trabajo en ese momento.
No es solo la progresión de varios proyectos y decisiones, sino
cómo has evolucionado como colega, líder e incluso como

amigo potencial. Son «fragmentos de cerámica» o restos de esa civilización antigua que eres tú en tu oficina. Y, por consiguiente, ofrecen mucha información sobre ti y sobre si has cambiado o no con el tiempo.

Estos investigadores analizaron cinco años de información, más de diez millones de emails enviados por cientos de trabajadores de una empresa de tamaño medio. Todo lo que Susan, de Contabilidad, le envió a Tim, de Recursos Humanos, y todo lo que Lucinda, de Ventas, le envió a James, de I+D. Y, más que fijarse en cómo se enviaban los emails o a quién, lo que analizaron los investigadores fueron las palabras que cada cual empleaba.

Y aquí es donde el estudio se vuelve más interesante, porque en vez de centrarse en lo que decían los trabajadores (por ejemplo, título del documento o diapositivas de PowerPoint adjuntas), lo hicieron en algo totalmente diferente: el estilo lingüístico.

Cuando leemos un email, hablamos por teléfono o pensamos en un tipo de comunicación, solemos centrarnos en su contenido. Fíjate en este capítulo, sin ir más lejos: si te pidieran que reflexionaras sobre el lenguaje, lo más probable es que pensaras en la materia o el tema del que estamos hablando. El capítulo empieza hablando de una comunidad online que se dedica a puntuar cervezas, y continúa con el estilo lingüístico de los emails.

Lo mismo se puede decir del correo electrónico. Si alguien te pide que mires el tuyo y le informes sobre el lenguaje utilizado, te centrarás en los temas principales: hay una serie de emails sobre una reunión, otros sobre un proyecto, y otros sobre una fiesta de despedida que has estado planificando para un colega.

Se trata de información sobre el contenido, el tema o la materia que ha sido discutida.

Pero, si bien el contenido es fundamental, existe otra dimensión que suele pasar desapercibida: el *estilo lingüístico*. Piensa en la frase: «Me dijeron que harían seguimiento en un par de semanas». El contenido (hacer seguimiento en un par de semanas) da una idea de lo que está ocurriendo, pero integradas en el contenido hay palabras como «me», «que» y «un».

Estos artículos y pronombres, y palabras similares, suelen ocupar un segundo plano. Ni siquiera nos damos cuenta de que están. De hecho, incluso después de haberlas mencionado tendrás que fijarte bien en la frase para encontrarlas. Porque son casi invisibles. La gente las pasa por alto, ocultas como están entre nombres, verbos y adjetivos que forman el contenido lingüístico; en otras palabras, lo que se ha dicho.

Pero, pese a ser a menudo ignoradas, estas palabras ofrecen una gran cantidad de información. Las personas que ejercen como comunicadoras tienen un límite de flexibilidad en el contenido que están comunicando. Si alguien pregunta cuándo dijo el cliente que haría el seguimiento, y la respuesta es «en un par de semanas», se tendrán que usar algunas de estas palabras para transmitir la idea.

Pero la *manera* de comunicar la idea es cosa nuestra. Podemos decir: «Me dijeron que harían seguimiento en un par de semanas», «Hacer el seguimiento dentro de un par de semanas me parece bien» o cualquier otra variación de la frase. Y aunque estas diferencias puedan parecer menores, en realidad proporcionan bastante información sobre los propios comunicadores, porque reflejan la manera de comunicarse de la gente: desde su personalidad y sus preferencias hasta lo inteligentes que son y si están mintiendo.[2]

Por tanto, los investigadores analizaron el estilo lingüístico del personal de aquella empresa. En particular, la similitud entre sus estilos o, dicho de otra manera, su adaptación cultural. Si los trabajadores empleaban el lenguaje de la misma forma; si alguien usaba pronombres personales (por ejemplo «nosotros» y «yo») cuando hablaba con sus colegas; si recurría a muchos artículos (por ejemplo «un», «el») y preposiciones (por ejemplo «en», «para») en comparación con sus compañeros.

Los resultados fueron notables. En primer lugar, la similitud en el lenguaje influía en el éxito: quienes tenían un estilo lingüístico más parecido al del resto contaban con el triple de probabilidades de ascender, recibían mejores evaluaciones de rendimiento y bonos más elevados.

En cierta manera, esto es una gran noticia. Quiere decir que si te adaptas bien a tu nuevo trabajo es probable que prosperes.

Pero ¿qué ocurre con el resto? ¿Qué pasa con quienes no se adaptan?

En efecto, los individuos que no empleaban un estilo lingüístico semejante al general no tenían tanta suerte; su probabilidad de ser despedidos era cuatro veces mayor.

Pero, entonces, ¿está destinada al fracaso la gente que no encaja desde el principio?

No exactamente. Los investigadores, además de examinar cómo encajaban los trabajadores en un principio, también se fijaron en cómo lo iban haciendo con el tiempo. Observaron si algunas personas eran más adaptables que otras. Y hallaron que, lo mismo que ocurría en la comunidad de amantes cerveceros, la mayoría de los recién llegados se adaptaban con bastante rapidez. Después de un año en la firma ya se habían «aclimatado» a las normas lingüísticas de la organización. Pero no todo el mundo se adaptaba con la misma rapidez; unos lo hacían más rápido y otros de forma más lenta.

El caso es que la adaptabilidad influía en el éxito: los trabajadores de éxito se adaptaban, y a quienes nunca lo hacían acababan despidiéndoles. Empezaban con una adaptación cultural baja que iba decayendo poco a poco.

La similitud lingüística también ayudaba a distinguir entre quienes se quedaban en la compañía y quienes se iban a buscar mejores oportunidades, no porque se les despidiera, sino porque les ofrecían algo mejor en otra parte. Estas personas se adaptaban enseguida, pero, en un momento dado, su lenguaje empezaba a divergir; eran capaces de adaptarse, aunque al final dejaban de intentarlo, digamos que presagiando su intención de abandonar.

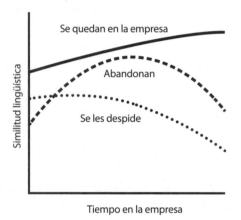

La adaptabilidad, pues, resultó más relevante que el ajuste inicial. La gente que encajaba bien desde el principio prosperaba, pero quienes se adaptaban con rapidez a las normas cambiantes tenían aún más éxito. Y la adaptación no es algo con lo que se nace; hay que contar con la disposición para ello.

El estudio de los emails puso de relieve los beneficios de la adaptabilidad. Un lenguaje similar lleva a los trabajadores a recibir mejores evaluaciones de rendimiento, bonos más generosos y una mayor probabilidad de obtener ascensos. Y los beneficios de la similitud van más allá de la vida en la oficina: dos personas que quedan por primera vez tienen más probabilidades de una segunda cita si hablan de una manera similar; también dos estudiantes que hablen parecido tienen más probabilidades de hacerse amigos, y una pareja que utilice un lenguaje similar tiene más probabilidades de seguir junta al cabo de tres meses.[3]

Un lenguaje parecido facilita la conversación, hace que la gente se sienta más conectada e incrementa su percepción de que forma parte de la misma tribu. Y, a su vez, todo esto incrementa la simpatía, la confianza y una variedad de resultados positivos.

Pero ¿encajar es siempre beneficioso? ¿O hay alguna situación en la que sea mejor diferir?

Para averiguarlo tuve que sumergirme en el negocio de la música.

APROVECHA LA DIFERENCIA

Una fría noche de otoño, Montero Hill estaba componiendo su música donde solía hacerlo: en su habitación; mejor dicho, en el armario de su habitación, o en el armario de la habitación de su abuela. Allí donde hubiera menos ruido en ese momento.

Igual que muchos otros aspirantes a músicos, este desempleado de diecinueve años que había abandonado la universidad intentaba hacer algo diferente, algo que fuera un éxito. Publicaba sus canciones en internet, las colgaba en SoundCloud y luchaba por ganar seguidores.

Un día de Halloween estaba navegando por YouTube, buscando ritmos, cuando encontró algo que le llamó la atención: una copia remasterizada de un tema de Nine Inch Nails producida por un aspirante a productor de los Países Bajos que también componía en su habitación.

Montero adquirió el ritmo por 30 dólares, le puso letra y lanzó la canción unas semanas después.

La probabilidad de que una canción acabe siendo un éxito es muy baja. Y para los artistas nuevos, o quienes todavía no tienen un contrato discográfico que fomente la radiodifusión de sus temas, la probabilidad es aún más baja.

Hay cientos de millones de canciones en SoundCloud, y cientos de miles más se añaden cada día. Pocas se reproducen más de unas cuantas veces y, entre estas, la mayoría son éxitos de artistas que ya tienen muchos seguidores.

Pero esta canción era diferente. Esta canción hizo explotar internet.

Old Town Road, de Montero (o, como se le conoce ahora, Lil Nas X) se ha reproducido miles de millones de veces, ha vendido más de diez millones de copias y ha hecho historia en la lista de éxitos musicales *Billboard* al ocupar durante diecinueve semanas seguidas el número uno. También saltó a la fama el nombre de Lil Nas X, lo que le llevó a ser reconocido por la revista *Time* como una de las personas más influyentes de internet. No está mal para un joven que hacía música en su habitación.

Pero ¿qué hizo que *Old Town Road* tuviera tanto éxito? ¿Y puede su éxito decirnos algo más acerca de por qué algo se pone de moda?

Empresarios de la industria musical, críticos culturales y consumidores, todo el mundo se ha preguntado alguna vez por qué algunas canciones triunfan y otras fracasan. Algunas logran millones de reproducciones y otras apenas se escuchan. Por cada

Old Town Road que quema las listas hay miles o millones de canciones que nunca consiguen atraer a casi nadie.

Una posibilidad es que el éxito sea aleatorio, que es un golpe de suerte lo que hace que una canción determinada triunfe. De hecho, incluso los llamados «expertos» son bastante inútiles separando el grano de la paja. Sin ir más lejos, a Elvis le dijeron que mejor volviera a su oficio de camionero; a los Beatles, que los grupos de guitarra se estaban extinguiendo; a Lady Gaga, que su música estaba demasiado «orientada a la danza» para resultar vendible. Incluso si existe alguna lógica que explique cómo suceden los éxitos, esa verdad más profunda siempre parece imposible de discernir.

Para ver si existía algún tipo de criterio más sistemático en este fenómeno, Grant Packard y yo empezamos a analizar qué tenía de particular un éxito musical.[4] Cada canción es diferente, pero nos preguntábamos si las de éxito tenían algo en común. En concreto, si tendían a ser similares o diferentes a otras de su mismo género. Y para medir el grado de similitud examinamos los temas que trataba cada canción.

En algunas se puede ver con facilidad el tema principal. *Endless Love*, de Diana Ross y Lionel Richie, es claramente una canción de amor; no solo está en el título la palabra «amor», sino que empieza con la frase «mi amor», en la tercera línea también aparece «amor» y en toda la canción sale doce veces más.

Lo mismo ocurre con canciones como *We Found Love*, de Rihanna, *I'll Make Love to You*, de Boyz II Men', y *Because You Loved Me*, de Céline Dion. Sus títulos y letras facilitan su clasificación como canciones de amor y, sin duda, se las menciona siempre entre las mejores o más populares canciones románticas de todos los tiempos.

Pero otras son más difíciles de clasificar. Por ejemplo, *Torn*, de Natalie Imbruglia, habla del amor y de los problemas emocionales después de una ruptura. Pero si buscas la palabra «amor» verás que no aparece ni en el título ni en la letra. Lo mismo ocurre con otras canciones de amor como *Leaving on a Jet Plane*, de Peter, Paul y Mary, y *Don't Speak*, de No Doubt.

Además, mientras está claro que algunas canciones son de amor, no resulta tan obvio que todas las canciones de amor sean tan parecidas. *Can't Help Falling in Love*, de Elvis Presley, y *Before He Cheats*, de Carrie Underwood, tratan sobre el amor, pero no en el mismo sentido. Algunos temas de amor (por ejemplo, *Walking on Sunshine*, de Katrina & the Waves) hablan del amor feliz y positivo; otras, como *Jessie's Girl*, de Rick Springfield, del amor no correspondido, y otras, como *You Oughta Know*, de Alanis Morissette, del odio hacia un ex.

Decir que todas estas canciones tratan sobre lo mismo sería como decir que el pastel de chocolate y el de cangrejo son iguales. Sí, es cierto que ambos incluyen la palabra «pastel», pero son bien diferentes.

Aparte de las de amor, el resto de las canciones son más difíciles de clasificar. ¿De qué trata *Hey Jude*, de los Beatles? ¿O *When Doves Cry*, de Prince? Cada persona dará una respuesta diferente. Algunos creen que *Born in the U.S.A.*, de Bruce Springsteen, habla de patriotismo y orgullo norteamericano, por ejemplo, pero en realidad habla de lo mal que trató Estados Unidos a los veteranos de la guerra de Vietnam.

Todo esto quiere decir que las percepciones de la gente tal vez no sean el indicador más fiable sobre el tema principal de una canción. Así que para comprobarlo… pedimos ayuda a un ordenador.

Imagina que estudias en la universidad y acabas de mudarte de ciudad. No conoces a nadie en tu nueva universidad ni sabes quién es amigo de quién, así que te dedicas a observar a la gente. Si ves continuamente a Danny con Eric, por ejemplo, supondrás que son amigos. Si uno de ellos está siempre con Lucy, o todos pasan el rato juntos, intuirás que forman parte del mismo grupo.

Con el paso del tiempo vas creando otras agrupaciones basándote en quién pasa tiempo con quién: los deportistas, los frikis, los jugadores y los del teatro.

Estos grupos son amorfos e informales, pero dan una idea de cómo se organiza la gente. En primer lugar, no todos sus miembros están siempre juntos a la vez; a lo mejor hay dos del mismo grupo hablando antes de entrar a clase, y después ves a otros dos diferentes comiendo juntos. Pero viendo a distintas parejas o subgrupos juntos con suficiente frecuencia te haces una idea de quién pertenece al grupo general.

En segundo lugar, algunas personas están más vinculadas a los grupos que otras. Lucy, por ejemplo, está presente casi siempre que los deportistas se reúnen, pero Eric no, él solo está el 20 % de las veces.

Las mismas ideas se pueden aplicar a las palabras. Igual que somos capaces de inferir quienes forman grupos viendo quién queda con quién, un enfoque estadístico denominado «modelado de temas» utiliza la coocurrencia para extraer los temas de montones de datos textuales.[5]

Si las canciones que incluyen la palabra «amor» incluyen también «sentir» y «corazón», por ejemplo, resulta que todas estas palabras se pueden agrupar. De igual modo, si palabras como «botar» y «aplaudir», o «saltar» y «agitar», aparecen siempre juntas, se podrán agrupar. Analizando las canciones (y otros fragmentos de texto) y las palabras que en ellas aparecen, el modelado de temas agrupa los términos en función de la frecuencia con la que aparecen juntos.

Fíjate en que este método no requiere especificar previamente esos grupos. Dicho de otro modo, en lugar de decidir que hay canciones de amor y de clasificar cada una en función de si entra en esa categoría o no, el modelado de temas deja que tales temas (por ejemplo, el amor) emerjan de los datos textuales. Los patrones de palabras en las canciones determinan qué categorías son y cuántas debería haber. Podría haber dos o tres tipos de amor diferentes, por ejemplo, o temas como la familia o la tecnología, que ni los oyentes se dan cuenta de que están. Pero analizando las canciones y las palabras que en ellas aparecen emergen los principales asuntos.

En nuestro caso, empleando este método para analizar miles de canciones conseguimos identificar los principales temas que aparecen en ellas. Como era de esperar, el amor estaba entre los principales. Y, aparte del amor apasionado (con palabras como «amor», «fuego» y «ardiente»), por ejemplo, estaba también el amor inseguro (con palabras como «amor», «necesidad» y «nunca»).

Pero también emergieron otros temas: el movimiento corporal (por ejemplo, «saltar», «botar» y «agitar»), la danza (por ejemplo, «bailar», «perrear» y «machacar») y chicas y coches (por ejemplo, «chica», «carretera», «beso» y «coche»), entre otros.

La mayoría de las canciones mezclan varios temas. *I Wanna Dance with Somebody (Who Loves Me)*, de Whitney Houston, habla a las claras de bailar, pero también es una canción de amor. Otras versan sobre la familia y la positividad. Igual que los estudiantes pueden ser al mismo tiempo deportistas y jugadores, o que los chicos del teatro pueden ser también los payasos de la clase, las canciones pueden tratar varios temas, y unos sobresalen más que otros.

Identificando la frecuencia con la que cada palabra de cada tema aparecía en cada canción, pudimos calcular cuánto trataba cada una sobre cada tema. Después, con la media de todas las

Tema	Ejemplos de palabras de un tema
Ira y violencia	malo, muerte, odio, matar, morir
Movimiento corporal	cuerpo, botar, aplaudir, saltar, agitar
Danza	*bop*, *dab*, amasar, *nae*, *twerk*
Familia	americano, chico, papá, mamá, *wow*
Amor apasionado	arder, sentir, fuego, corazón, amor
Chicas y coches	coche, conducir, chica, beso, carretera
Positividad	sentir, querer, mmm, oh, *yeah*
Espiritualidad	creer, gracia, Dios, uno, alma
Cultura urbana	culo, puta, droga, rico, calle
Amor inseguro	no, no puedo, amor, necesito, nunca

canciones de un género pudimos hacernos una idea del tema de cada género.

Por ejemplo, las canciones country suelen hablar mucho de mujeres y coches (casi el 40 % de sus letras giran en torno a este tema), pero no tanto del movimiento del cuerpo. Los raps suelen hablar mucho de cultura urbana y no tanto del amor. Las canciones de baile y de rock hablan mucho del amor apasionado, mientras que las pop hablan más de amores inseguros.

Por último, analizamos el vínculo entre lo atípico y el éxito, es decir, si una canción popular tendía a hablar de cosas parecidas (o diferentes) a las de otras canciones de su género.

Sí, las canciones country hablan mucho de mujeres y de coches, pero una en particular puede adherirse en mayor o menor medida a la norma, puede estar más o menos centrada en este tema. Lo mismo ocurre con las de rock, que unas se centran más en el amor apasionado, mientras que otras lo hacen en el amor inseguro o en el baile. Comparando cada canción con otras de su género logramos hacernos una idea de lo típico que era esto y de su contribución a la popularidad de la canción.

Y resultó que las canciones atípicas tienen más éxito. Un tema country que hable de chicas y coches, por ejemplo, suele triunfar, pero una que hable de temas menos típicos, como el baile o la cultura urbana, tiene muchas más probabilidades de convertirse en éxito. Cuanto más diferente es la letra de una canción respecto a la de las demás de su género, más popular suele ser.

Y esto no se debe solo a que los artistas famosos escriban letras más atípicas o a que las canciones atípicas tengan más difusión. Incluso controlando estos aspectos y otros factores que potencialmente puedan sesgar los resultados, las canciones atípicas siguen vendiendo más y teniendo más repercusión.

De hecho, analizando los casos en los que la misma canción estaba en la lista de dos géneros diferentes, acababa siendo más popular en la que resultaba más atípica. El artista, la letra y todo lo demás eran igual, pero en el género en el que la letra era más inusual triunfaba más.*

La conclusión es que la diferencia potencia el éxito.

Volviendo al caso de Lil Nas X podemos afirmar que al entender el vínculo entre lo atípico y el éxito entendemos también que *Old Town Road* se hiciera tan famosa.

La canción tiene muchos elementos del country: empieza con el tañido de un banjo, y sus primeros versos hablan sobre algo que es cien por cien country: montar a caballo («Sí, voy a llevar mi caballo a la antigua carretera de la ciudad/voy a cabalgar hasta que no pueda más»).

---

* Cabría preguntarse si las canciones atípicas son más populares porque solo nos fijamos en las que tienen éxito. Tal vez los fracasos de las que no son populares también tienden a salirse de la norma. Para comprobar esta posibilidad, seleccionamos un grupo de control de canciones que no eran hits. Para cada una elegimos al azar otra del mismo artista y del mismo álbum que nunca llegó a las listas de éxitos. Comparada con los hits, estas que no eran hits eran más típicas, reafirmando así la idea de que lo atípico incrementa el éxito.

Si sigues escuchando la canción, está llena de tópicos del country, desde las botas y los sombreros de cowboy hasta los vaqueros Wrangler y los rodeos. Cuando salió la canción, el mismo Lil Nas X indicó que el ritmo era country; la estrella del country Billy Ray Cyrus aparece en el remix, y cuando la canción apareció por primera vez en la lista *Billboard* la clasificaron en la categoría de «canciones de *hot* country».

Pero escuchándola con más atención te das cuenta de que *Old Town Road* está lejos de ser el típico tema de country. Aparte de los caballos y las botas de cowboy, la canción habla de Porsches, de estar delgado y de botines. El remix con Billy Ray menciona Maseratis y sujetadores Fendi para deportistas. ¿Y el sombrero de cowboy? En vez de ser un Stetson es un Gucci.

Lo mismo ocurre con la melodía y los arreglos. Sí, es cierto que hay un banjo, pero también hay 808s y bajos por todas partes, rasgos estos más comunes del hip-hop que del country. Vale que la canción salió por primera vez en la lista de country de *Billboard*, pero a la semana siguiente apareció en la de «canciones de hot rap».

Sea country, hip-hop o lo que sea, lo cierto es que la canción es claramente atípica; transgresora de géneros y rompefronteras, desafía cualquier clasificación. Demasiado rap para ser country y demasiado country para ser rap, mezcla convenciones para crear algo nuevo y diferente.

Pero, aunque la canción en sí es atípica, este no fue el motivo de su éxito. De hecho, este era previsible. Fue su naturaleza inusual la que hizo que triunfara.*

---

* Aunque las canciones atípicas son más populares, podemos decir que tener rasgos musicales más típicos ayuda a localizar canciones dentro de su género. Las cuerdas punteadas con las que arranca *Old Town Road*, por ejemplo, evocan de inmediato a una canción country. Otros sonidos similares y letras inusuales podrían ser la combinación ideal de lo nuevo y lo viejo: lo bastante similares para evocar el cálido resplandor de la familiaridad, pero lo bastante diferentes como para ser excitantes y novedosos.

CUANDO LA SIMILITUD ES BUENA Y LA DIFERENCIA ES MEJOR

Los resultados de nuestro estudio sobre la música son interesantes, pero si los unimos a los del estudio del email hacen plantearse algunos interrogantes. Un lenguaje similar es beneficioso en el entorno laboral, pero usar uno diferente hace que las canciones tengan más éxito. ¿Cuándo, entonces, es buena la similitud y cuándo es mejor la diferencia?

Es fácil centrarse en algo específico de un ámbito particular. El lenguaje de los emails suele ser más formal, mientras que el de la música es más expresivo. Los emails se suelen escribir para audiencias reducidas, mientras que la música se escribe para grandes grupos de oyentes.

Pero, en el fondo, la diferencia estriba en lo que la similitud y la diferencia evocan o connotan, y qué es mejor en el contexto que se está considerando.

La similitud lingüística tiene muchos beneficios. Un lenguaje parecido requiere escuchar lo que la otra persona dice y, por lo tanto, influye en que las citas y los procesos de negociación vayan mejor.[6] Ya hemos visto que este tipo de conexión hace a la gente sentir que forma parte del mismo equipo o tribu, lo cual incrementa la simpatía, la confianza y la afiliación. De hecho, los grupos de amigos tienden a usar un lenguaje similar, y la gente que usa un lenguaje similar tiene más posibilidades de trabar amistad. Igual que compartir un cumpleaños o ir al mismo colegio son señales de que dos personas tienen algo en común o están en la misma onda, usar un lenguaje similar también es indicativo de esto.

Dicho esto, hay que añadir que la diferenciación también posee beneficios. Del mismo modo que tener la misma conversación una y otra vez puede resultar tedioso, la gente también se cansa de escuchar siempre la misma canción. Tenemos una arraigada tendencia a la novedad y a la simulación, y valoramos lo nuevo en parte porque satisface esta necesidad. En lugar de hacer siempre lo mismo, buscamos cosas nuevas que nos aporten variedad y emoción.

La diferenciación también está vinculada a la creatividad y la capacidad de recordar. Las ideas de la gente creativa suelen ser muy diferentes, y los eslóganes y frases de películas que son redactados de forma más distintiva son más fáciles de recordar (por ejemplo, «Que la fuerza te acompañe» o «Francamente, querida, me importa un bledo»).[7]

En general, podemos decir que tanto la similitud como la diferencia son buenas y malas. La similitud nos resulta más familiar y nos da seguridad, pero es más aburrida. En cambio, la diferencia puede resultar emocionante y estimulante, pero es más arriesgada.

Por tanto, la similitud o la diferencia serán mejores o peores en función de lo que se valore en un contexto determinado.

En muchas empresas, la clave es encajar. Las compañías sostienen que desean la innovación y la creatividad, pero lo que más quieren es que su personal cumpla las normas y haga su trabajo. Quieren gente que se adapte bien y sean buenos miembros del grupo, y una buena señal de esto es el uso de un lenguaje coherente con el del resto. Habrá veces en que se valore la diferencia, pero, en general, se prefiere la similitud.

En cambio, si pensamos en la música, la gente quiere estimulación, así que la diferencia es mejor. Las películas atípicas suelen tener más éxito, y lo mismo ocurre con otros productos culturales, como los musicales. Una de las razones por las que *Hamilton* tuvo tanto éxito fue que su estilo era muy diferente a lo que acostumbraban a ver los aficionados al teatro.

Aunque las canciones atípicas son en general más populares, en el caso de la música pop sucede lo contrario. Y esto tiene mucho sentido teniendo en cuenta que este género trata, casi por definición, de ser similar más que diferente. A menudo ridiculizado por ser soso o formulista, está diseñado para ser convencional más que vanguardista. Es lógico, pues, que en un ámbito en el que se valora la familiaridad las canciones similares tengan más éxito.

¿Estás trabajando en un campo donde se valora de forma especial la creatividad, la innovación o la estimulación? La diferenciación lingüística será beneficiosa en este caso. ¿Desarrollas tu profesión en un ámbito donde se valora la familiaridad, la adaptación y la seguridad? Entonces será mejor usar un lenguaje similar.

¿QUÉ ES LO MÁS PARECIDO A UN POMELO?

Los estudios citados sobre la cerveza, el correo electrónico y la música examinan la similitud entre «cosas»: usuarios y comunidad, trabajadores y sus colegas, y entre las canciones y sus géneros.

Pero resulta que la similitud también influye de otra manera: entre las piezas o partes de una misma cosa (por ejemplo, las partes de un libro).

Aunque no hayas oído hablar de *Los hombres que no amaban a las mujeres*, seguro que conoces a alguien que sí lo conoce. Este thriller psicológico es el primer libro de la saga literaria *Millennium*, del novelista sueco Stieg Larsson. En él presentaba al mundo a su heroína, Lisbeth Salander, una brillante pero conflictiva *hacker* informática. La novela, publicada originalmente en Suecia, obtuvo un gran éxito allí antes de ser traducida a otros idiomas. Hasta el momento se han vendido más de cien millones de copias de la serie y este ha sido catalogado como uno de los cien mejores libros del siglo XXI.

Resulta obvio que son muchos los aspectos que contribuyen al éxito de una novela: el tema tiene que ser interesante, los personajes atractivos y la narración buena. Pero ¿qué hace que una narración sea buena, o muy buena?

Las trayectorias emocionales de las que hablamos en el capítulo 5 nos dan una idea de esto, pero hay más factores que influyen.

Otras reseñas de libros, como las de *Los hombres que no amaban a las mujeres*, suelen contener las mismas frases: «La historia avanza con rapidez», «Es apasionante y la trama no se hace pesada en ningún momento», «La historia fluye y me mantuvo enganchado». Sí, la gente suele hablar de una narración que avanza con rapidez como algo que le ha gustado del libro. Pero ¿qué quiere decir eso? ¿Y es siempre mejor que la narración avance así?

Para responder a esta pregunta primero tenemos que entender la relación (o la similitud) entre las palabras.

¿Qué es lo más similar a un pomelo? ¿Un kiwi, una naranja o un tigre? Parece fácil de responder, y si eres una persona —o, por lo menos, una persona de más de tres años— la respuesta es bastante obvia. (Es una naranja).

Pero para ver la similitud entre miles de palabras y hacerlo de una manera lo bastante rápida, necesitarás la ayuda de un ordenador. No obstante, resulta que para los ordenadores es muy difícil responder de manera correcta a este tipo de preguntas.

El aprendizaje automático se basa en la idea de que los ordenadores aprenden de los datos: toman la información disponible, identifican patrones e incluso toman decisiones, y todo con una mínima, a veces nula, intervención humana.

Piensa en las recomendaciones de Amazon o de Netflix; no las hacen personas (o elfos) que están escrutando la web en busca de información; se encargan las máquinas. Los algoritmos se fijan en lo que has estado viendo o comprando y lo que otros usuarios han visto o comprado y emplean esos datos para suponer qué más te podría gustar.

¿Has comprado hace poco una camisa para ir al trabajo o una cafetera para tu cocina? Amazon te sugerirá otras camisas similares u otros electrodomésticos que al resto de gente que también ha comprado lo que tú le han gustado. ¿Has visto hace poco la película *El caso Bourne*? Netflix te recomendará algún film de James Bond u otro de acción.

Para hacer estas sugerencias —algunas de ellas muy precisas—, el algoritmo observa las relaciones: a la gente que compró X le suele gustar Y, así que si tú compraste X, Y es tal vez una sugerencia adecuada.

La función autocompletar (también llamado «texto predictivo») del teléfono móvil funciona de manera similar. Si tecleas la letra *d*, tu móvil te sugerirá la palabra *de*. Si aceptas o escribes esta palabra, te seguirá sugiriendo otras. Del mismo modo, el algoritmo utiliza las palabras y frases que tú (y otros) han escrito para hacer suposiciones sobre lo que quieres decir.

Pero, a diferencia de las recomendaciones, a los ordenadores les cuesta mucho más decidir si un kiwi o una naranja se parece más a un pomelo, porque su relación no es fácil de observar. La gente no compra pomelos en Amazon, y aunque los compre en el supermercado esta información tampoco será tan útil. Hay quien compra pomelos, otros compran kiwis y otros naranjas, pero los patrones de compra no ofrecen demasiada información acerca de los parecidos entre estas frutas. Quien compra pomelos también compra pan, pescado u otros alimentos; por eso que las cosas se suelan comprar juntas no tiene demasiado sentido en este caso. De hecho, el pomelo se suele comprar con el queso *cottage*, pero no se parecen en nada.

No obstante, si bien los datos de compra no son tan útiles para inferir la similitud entre objetos, los del lenguaje cotidiano sí lo son.

Cada día, miles de millones de personas escriben billones de palabras en internet: se redactan artículos, se publican reseñas online y se actualiza la información de un modo constante. Cada artículo o reseña en sí parece poco relevante, pero todas juntas ofrecen una visión global de la relación entre varios conceptos e ideas.

Pongamos por caso la frase siguiente: «El médico entró en el quirófano y se puso los guantes». Parece simple, pero para un ordenador que intenta examinar la relación entre diferentes palabras y conceptos, esta frase ofrece una información muy útil. Sugiere que alguien llamado «médico» ha entrado en un «quirófano» y se ha puesto algo llamado «guantes».

Igual que ocurre con el método para identificar los temas de las canciones, el análisis de las frases que incluyen palabras similares ayuda a entender cómo se relacionan estas, los conceptos o las ideas. Si los «médicos» siempre entran y salen de los «quirófanos» con «guantes», o hablan con los «pacientes», uno puede hacerse una idea de qué es un «médico» y qué hace.

De hecho, así aprenden los niños. La primera vez que un bebé de quince meses ve que te señalas eso que tienes en medio de la cara y dices «nariz», no tiene ni idea de lo que estás hablando; la nariz le resulta tan novedosa y extraña como la democracia o un antisistema. Pero si te oye decir muchas veces «nariz» y al mismo tiempo te señalas la tuya, la suya o a la de una imagen de un libro, acabará sabiendo lo que es la nariz.

Pues las máquinas aprenden de la misma forma: devorando todos los artículos de la Wikipedia, por ejemplo, o todo lo que aparece en Google News, los ordenadores pueden aprender lo que quiere decir cada palabra y cómo se relacionan entre sí.

Si se habla siempre de que los «perros» son «simpáticos», por ejemplo, los lectores (y las máquinas) empezarán a asociar estos dos conceptos y los tratarán como más relacionados. Asimismo, si se habla de los «gatos» como animales «distantes» se refuerza el vínculo entre estos dos conceptos.

Las palabras ni siquiera tienen que salir a la vez para que se formen estos vínculos. Si frases como «Los perros son animales» y «Los animales son simpáticos» aparecen suficientes veces, el ordenador asociará las palabras «perros» y «simpáticos», aunque no se haya especificado que los perros son simpáticos.

El lingüista británico J. R. Firth dijo en una ocasión: «Conocerás una palabra por las que la acompañan». Dicho de otro modo: aprenderás mucho sobre el significado de las palabras y sobre las relaciones entre ellas mirando el contexto en el que aparecen y las palabras que las acompañan. Así, igual que deducimos que dos personas que van juntas con frecuencia son amigas, las palabras que aparecen cerca unas de otras es probable que tengan algún tipo de relación.

Según esta idea, una técnica denominada *incrustación de palabras* usa la relación entre ellas para representarlas en un espacio multidimensional. Cuando alguien se muda a una casa nueva y coloca los utensilios en la cocina, lo más seguro es que los ordene por categorías: las cucharas las guardará en el cajón de los cubiertos, las verduras las pondrá en la nevera y los productos de limpieza debajo del fregadero.

La técnica mencionada hace algo similar: cuanto más relacionadas están las palabras, más juntas se posicionan. Las palabras «perro» y «gato» estarán muy juntas, por ejemplo, porque ambos son animales y domésticos. Pero sobre la base de sus asociaciones la palabra «perro» estará más cerca de «simpático», mientras que «gato» estará más cerca de «distante».

En lugar de solo dos o tres dimensiones, esta técnica utiliza cientos de dimensiones.

Y puesto que las palabras relacionadas aparecen más juntas, la similitud entre ellas se puede medir por su distancia. Así, «pomelo», por ejemplo, está más cerca de «naranja» que de «kiwi», lo cual indica que son más similares. Y todos estos nombres de frutas, como es lógico, están bastante lejos de la palabra «tigre».

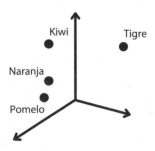

TRAZA LA PROGRESIÓN ADECUADA

La técnica de incrustación de palabras es extraordinaria y, como veremos en el último capítulo, se puede usar para estudiar cualquier cosa, desde los prejuicios de género y el racismo hasta la evolución del pensamiento.

Pero para analizar si los libros y las películas tienen más éxito cuando la narración avanza con rapidez, algunos colegas y yo decidimos aplicar la misma idea a fragmentos de texto más largos (frases o párrafos). Es decir, lo mismo que dos palabras pueden ser más o menos similares o estar más o menos relacionadas, dos partes de un libro, película u otro fragmento de contenido pueden también ser más o menos similares.

Para entender cómo funciona esto, piensa en el libro de texto de ciencias naturales que tenías en el colegio. Había capítulos sobre la corteza terrestre, los terremotos, el clima o el sistema solar.

Pongamos, por ejemplo, que la primera parte de un capítulo fuera sobre los terremotos. Veremos que empieza definiendo un seísmo y luego pasa a hablar de sus causas, siempre con palabras, frases y conceptos similares (por ejemplo: «terremoto», «falla» y «placas tectónicas»).

Si bien las partes consecutivas de un capítulo son bastante similares, cuanto más separadas estén dos partes de un libro de texto, menos relacionadas tenderán a estar. Así, en el capítulo de los terremotos se emplearán conceptos, términos e ideas muy diferentes a los contenidos en el capítulo sobre el sistema solar.

La misma idea se puede aplicar a las novelas, las películas o cualquier otro texto. Una escena sobre una boda, por ejemplo, es probable que sea muy similar a otra sobre esa misma boda; los personajes y el escenario serán los mismos, y la gente hará cosas relacionadas.

Pero es muy probable que la escena de la boda sea menos parecida a una sobre una invasión alienígena, sobre submarinismo o sobre la reparación de un coche. Aunque la gente sea la misma, el lugar, los elementos y las cosas que aparecen serán bastante diferentes.

Hay que destacar que, aunque los fragmentos consecutivos de un libro o una película suelen estar relacionados al menos en cierta medida, ese *grado* de relación puede variar; pueden ser bastante similares o diferentes.

En nuestro caso, midiendo la distancia entre fragmentos consecutivos de una historia, determinábamos la rapidez con la que esta «se movía»:[8] si una historia en la primera parte saltaba de hablar de una boda a hacerlo de una invasión alienígena, por ejemplo, la narración avanzaba con mayor rapidez que si pasaba de la primera parte de la boda a la segunda. Igual que un coche va más rápido que otro si recorre una distancia más larga en el mismo tiempo, las historias avanzan más rápido cuando saltan a ideas menos relacionadas entre sí.

A continuación, para examinar la relación entre la velocidad y el éxito, analizamos miles de libros, películas y programas de televisión, desde clásicos de Charles Dickens y Jack Kerouac hasta otros más recientes, como *Alta fidelidad,* de Nick Hornby, y *Un puerto seguro*, de Danielle Steel, así como películas como *La guerra de las galaxias* y *Pulp Fiction*, y programas de televisión como *I Love Lucy*, *South Park* y *Friday Night Lights*.

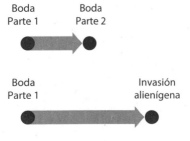

En general, descubrimos que la velocidad en la progresión de la historia era algo positivo; en general, la gente prefiere los libros, las películas y los programas de televisión cuya narración progresa más rápido que aquellos en los que dicha progresión es más lenta.

Igual que las letras atípicas hacen que las canciones sean más interesantes, el avance rápido de una historia saltando entre temas e ideas distintos hace que sea más emocionante y que el público reaccione de forma más favorable.

Además, hallamos que dentro de las historias había momentos en los que la narración debía avanzar con más rapidez y otros en los que debía hacerlo más poco a poco.[9]

Al principio de un libro o una película, el lienzo está en blanco; el público no sabe quiénes son los personajes, ni los escenarios ni la relación entre las cosas. Por eso el principio de una historia prepara el escenario, construyendo una base o punto de partida para el resto de la narración.

La clave está en empezar despacio. La audiencia tarda un tiempo en familiarizarse con los personajes, sus relaciones y todo lo demás; por eso, una narración que vaya rápido desde el principio puede confundir al público. En una carrera de relevos, si el segundo corredor arranca demasiado deprisa es posible que el primero no lo alcance para darle el testigo. Bien, pues lo mismo ocurre con las historias: si la narración es ágil desde el principio, la audiencia se perderá.

Y esto es justo lo que descubrimos: que ir muy rápido al principio es perjudicial. El público reacciona mejor a las historias que avanzan despacio al principio.

Los cuentos populares y los infantiles empiezan siempre repitiendo un concepto similar. Por ejemplo, en el de *Los tres cerditos*, el primer cerdito construye su casa de paja, y el lobo la derriba. Entonces le ocurre algo muy similar al segundo cerdito.

Lo mismo pasa con los chistes; la comedia suele seguir una regla de tres, o «triple cómico»: cosas similares les ocurren a muchas personas. Un cura entra en un bar y algo le sucede; cuando la monja entra en el bar le pasa lo mismo.

Pero, una vez sentadas las bases, la historia debe continuar. Si lo mismo le pasa a un tercer cerdito o, digamos, a un rabino que entra en el bar, el cuento (o el chiste) enseguida se vuelve aburrido. Así que, aunque la similitud ayuda a preparar el escenario y a crear expectativas, una vez el público conozca a los personajes y entienda el contexto, la historia debe continuar.

Y entonces, conforme avanza, el efecto de la velocidad se revierte: aunque el público prefiere historias que avancen con lentitud al principio, también quiere que progresen con mayor rapidez después y hasta el final.

La velocidad de progresión de las historias tiene importancia, pero si ha de ser rápida o lenta depende del momento de la narración. Los mejores guiones empiezan lentamente, pero una vez está todo el mundo a bordo empiezan a acelerar para hacer crecer la emoción y el interés de la audiencia.

Estos descubrimientos, en conjunto, tienen unas implicaciones cruciales en todo tipo de comunicación, desde la narración de historias hasta los intercambios comunicativos en general. Si el objetivo es entretener, entonces la velocidad es buena: si se avanza con rapidez aumenta la emoción y el interés de la audiencia, pero el principio siempre debería ser más lento para dejar que todo se ponga en su lugar. En cambio, si el objetivo es informar, es mejor seguir otra trayectoria. De hecho, cuando analizamos el éxito de los trabajos académicos, cuya misión es más informar que entretener, vimos que la velocidad era perjudicial.

Si bien es cierto que avanzar con agilidad entre ideas relacionadas hace que el contenido sea más estimulante, también lo hace más difícil de seguir. Por lo tanto, cuando se trata de presentar ideas complejas, o de informar de algo, la lentitud es la mejor manera de proceder.*

---

* También analizamos la progresión de otras historias más generales. La gente habla de «historias que cubren mucho terreno» o de «historias circulares»; las primeras hacen referencia a su volumen y las segundas a su tortuosidad.

En el caso del volumen, por ejemplo, correr cuatro millas en cuarenta minutos sería dar cuatro vueltas a un circuito de una milla o cubrir más terreno recorriendo una vez un circuito de cuatro millas. En el segundo caso, el terreno es más grande.

Lo mismo ocurre con las historias o narraciones. Algunas cubren mucho terreno, atravesando una variedad de temas dispares que distan mucho unos de otros. En cambio, otras son más localizadas y hablan de cosas o ideas más relacionadas. Para reflejar esto, envolvimos el conjunto de puntos de cada historia en plástico retráctil y medimos el volumen interior.

Ese volumen nos ayudó después a explicar el éxito. Cubrir mucho terreno está bien en el caso de las películas, pero no para los programas de televisión. Esto puede deberse a lo que el público busca cuando consume diferentes medios: mientras que quienes ven películas suelen ir buscando una experiencia, pensar de manera diferente o que les transporten a mundos distintos, la televisión suele consumirse más a modo de diversión rápida. Por tanto, cubrir demasiadas ideas dispares puede llevar a que las cosas sean muy confusas y así reducir la diversión.

También medimos la tortuosidad, que viene a ser si las historias seguían una ruta más directa o indirecta. A pesar de que ir en círculo puede parecer negativo, no siempre es así. La tortuosidad es buena en los informes académicos: en vez de presentar los conceptos clave una vez, hacerlo de forma recurrente, con capas cada vez más profundas de complejidad o con diferentes aplicaciones, ayuda a la gente a entender mejor dichos conceptos y a aprender más.

Haz tu magia

Nos concentramos tanto en *qué* queremos comunicar que muchas veces nos olvidamos de *cómo* queremos comunicarlo. Y la similitud lingüística es aún más difícil de percibir. Pero esto no quiere decir que no sea importante, porque en realidad lo determina todo, desde a quién se asciende o se despide hasta si las canciones, los libros y las películas se convierten en éxitos. Para aprovechar el valor de esta cuestión:

1. **Usa la similitud.** Cuando la familiaridad es útil o si el objetivo es encajar en algo, el lenguaje similar es muy beneficioso. Prestar más atención a la manera de hablar de tus colegas de la empresa, por ejemplo, y adoptar algunos de sus gestos y expresiones, te ayudará a prosperar en el trabajo.

2. **Aprovecha la diferencia.** Pero la semejanza no siempre es buena; también la diferenciación tiene sus beneficios, en especial si en tu trabajo se valora la creatividad, la innovación o la estimulación.

3. **Traza la progresión adecuada.** A la hora de elaborar presentaciones, escribir historias o redactar determinados tipos de contenido, piensa en la progresión de las ideas. Empieza despacio para asegurarte de que la audiencia se ha subido al tren antes de acelerar para incrementar la emoción, en especial cuando el objetivo sea divertir. Pero si tu

fin es informar, la mejor manera de proceder es empezar despacio, pero cubriendo más terreno.

Cuando empieces a entender y a notar la similitud lingüística, entonces podrás comunicar con mayor efectividad, redactar mejores contenidos y comprender más a fondo por qué algunas cosas tienen éxito y otras fracasan.

7

Qué revela el lenguaje

El 13 de diciembre de 1727 se estrenó *Doble falsedad* en el Theatre Royal de Londres. Esta es una obra que combina la tragedia y la comedia, y la escribió el dramaturgo Lewis Theobald. Está basada en la historia de dos mujeres jóvenes, una de alta cuna y la otra de origen humilde, y dos hombres, uno honorable y el otro villano, y explora los enredos, las dinámicas familiares, la confrontación y la reconciliación.

Pero lo más intrigante de la obra es su origen: en la portada se afirmaba que la obra había sido escrita nada menos que por William Shakespeare. Theobald dijo que había descubierto un manuscrito inédito del genio isabelino y que lo había revisado de forma meticulosa hasta convertirlo en la obra que se acababa de estrenar.

Pero ¿había sido de verdad escrita por Shakespeare? Y, dado que Shakespeare había muerto más de cien años atrás, ¿alguien podría asegurar tal cosa?

LINGÜÍSTICA FORENSE

Pide a la gente de tu entorno que nombre a los mejores dramaturgos de la historia y seguro que todo el mundo te dirá los mismos: Oscar Wilde escribió *La importancia de llamarse Ernesto* y *El retrato de Dorian Gray*, y es uno de los escritores más famosos de todos los tiempos. Tennessee Williams es conocido por obras como *Un tranvía llamado Deseo* y *La gata sobre el tejado de zinc*, y Arthur Miller escribió clásicos como *Muerte de un viajante* y *El crisol*.

Sin embargo, hay un nombre que siempre ocupa el primer lugar: Shakespeare. También llamado «el poeta nacional inglés» o el «bardo de Avon», es reconocido en todo el mundo como el mejor escritor en lengua inglesa. Es el genio que hay detrás de comedias como *El sueño de una noche de verano* y *El mercader de Venecia*, y de tragedias como *Romeo y Julieta* y *Macbeth*. Sus obras, que se han traducido a casi todos los idiomas, se representan más que las de cualquier otro dramaturgo. Es un clásico en todos los teatros del mundo.

En consonancia con su fama, cabría esperar que existiera un catálogo fiable de su producción literaria. Al fin y al cabo, si buscamos en internet a Oscar Wilde, Tennessee Williams o Arthur Miller veremos un inventario bien definido de todo lo que escribieron.

Pero en el caso de Shakespeare su bibliografía es un poco más complicada. En su época, los trabajos escritos no estaban protegidos por derechos de autoría, por lo que Shakespeare no difundía los textos de sus obras por miedo a que otros le plagiaran. Esto hizo que se escribieran versiones basadas en los recuerdos que tenía la gente sobre lo que Shakespeare había escrito.

Además, no publicó un catálogo de sus obras antes de morir, lo que contribuyó aún más a la confusión. De hecho, al enumerar los títulos que escribió Shakespeare muchas fuentes citan 39 obras dramáticas «aproximadamente»; y es que el número exacto no está nada claro.

Una de las obras que generó confusión es, precisamente, *Doble falsedad*. La afirmación de Theobald de que había sido escrita por Shakespeare era plausible; a fin de cuentas, Theobald era un ávido coleccionista de manuscritos y había publicado ediciones de gran parte del trabajo de Shakespeare, por lo que podía haber descubierto perfectamente una joya inédita.

Pero los manuscritos originales de Theobald se perdieron en un incendio, haciendo imposible verificar su afirmación. Además, dada la relevancia de Shakespeare, muchos observadores se mostraron escépticos y sostuvieron que Theobald no era más que un estafador que pretendía hacer pasar como de Shakespeare la obra de algún dramaturgo desconocido para llamar la atención y vender más entradas.

En los siglos siguientes se siguió discutiendo sobre la autoría de esa obra. Algunos expertos presentaron pruebas de que pertenecía a Shakespeare, mientras que otros sugerían que había sido escrita por Theobald. Para complicar aún más las cosas, otra obra de temática similar se había estrenado en Londres 150 años antes, atribuida a Shakespeare y a un coautor suyo llamado John Fletcher.

¿Quién escribió entonces *Doble falsedad*? ¿Shakespeare, Theobald, Fletcher, o varios de ellos? Con todos los posibles autores fallecidos hacía tiempo, parecía que el asunto nunca llegaría a resolverse.

Pero en el año 2015, un grupo de investigadores del comportamiento descubrieron cómo resolver el enigma.[1] No revolvieron documentos históricos ni consultaron archivos. No hablaron con los estudiosos de Shakespeare ni escudriñaron palabras o giros de frases. De hecho, ni siquiera se leyeron *Doble falsedad* para sacar sus conclusiones. Todo lo que hicieron fue introducir la obra en un ordenador.

Imagínate que quieres enseñar a un niño a reconocer a diferentes animales: vacas, gallinas, cabras y otras criaturas de granja.

Para empezar, le enseñarás la imagen de una vaca y dirás la palabra «vaca» varias veces. Después, le enseñarás la imagen de una gallina y dirás «gallina». Por último, repetirás el proceso con la cabra.

Pero es bastante probable que una vez no sea suficiente. Al fin y al cabo, si un bebé de quince meses no ha vista nunca una vaca es difícil que la reconozca de inmediato. Lo más normal será que tengas que practicar un poco: primero le enseñarás un libro con imágenes de animales de granja, repetirás la secuencia varias veces y después tal vez harás lo mismo con otro libro. Le enseñarás diferentes vacas, en diferentes posturas, y diciendo la palabra «vaca» el bebé aprenderá a hacer la conexión.

Al final, relacionando el término «vaca» con imágenes de criaturas grandes, fornidas, de cuatro patas y con una piel con manchas blancas y negras, acabará aprendiendo el concepto. Se dará cuenta de que una vaca no es solo una imagen en un libro, sino algo más. Será capaz de reconocer diferentes vacas en distintos libros como la misma cosa, y podrá identificar en los libros imágenes de vacas que nunca haya visto.

En resumen: habrá aprendido el concepto de vaca.

Identificar si algo es o no una vaca es un ejemplo de clasificación, cosa que las máquinas también pueden aprender. Al dar a un algoritmo un conjunto de imágenes y poner etiquetas a los diferentes elementos (por ejemplo, esto es una vaca y esto otro no lo es), la máquina puede empezar a aprender a diferenciar. Después, cuando se le muestre la imagen de una vaca, aunque sea una que nunca haya visto, utilizará lo aprendido de las otras imágenes para categorizar de forma correcta si esta nueva cosa es una vaca o no.

Los textos se pueden clasificar de una manera similar: si se les entrena con ejemplos relevantes, los algoritmos aprenden a identificar cosas como la incitación al odio en las redes sociales o a qué sección de un periódico pertenece un artículo.

Los investigadores de este equipo recurrieron a una técnica similar para determinar quién había escrito *Doble falsedad*: primero, identificaron todas las obras conocidas de cada posible autor; a continuación, pasaron cada una por un programa de análisis de textos para identificar cuántas palabras de cada obra aparecían en cientos de categorías diferentes. Por ejemplo, cuántos pronombres (como «yo» y «tú») había en cada obra, si había muchas palabras relacionadas con la emoción y si ese autor tendía a usar palabras más largas o más cortas.

Aunque no todas las obras de un dramaturgo concreto eran idénticas en estas dimensiones, después de analizar docenas de textos dramáticos estos científicos pudieron empezar a identificar el sello lingüístico de cada uno. Después, comparando tales sellos con el lenguaje usado en *Doble falsedad* pudieron determinar quién la había escrito.

El análisis concluyó que *Doble falsedad* no era una falsificación: los tres primeros actos eran sin duda de Shakespeare, y los dos últimos seguramente de su coautor, John Fletcher. Y, en consonancia con su fama de influyente editor, el texto de la obra revela también rasgos de la pluma de Theobald.

Así, dos científicos de la conducta habían resuelto un misterio literario de siglos... sin siquiera haber leído la obra.

QUÉ REVELA EL LENGUAJE

Los primeros seis capítulos de este libro están centrados en el impacto del lenguaje: cómo podemos emplear palabras mágicas, frases y estilos lingüísticos para ser más felices, prosperar más y tener más éxito; cómo influye el lenguaje en colegas, amistades, consumidores y clientes.

Sin embargo, como ilustra el caso de *Doble falsedad*, el lenguaje ejerce una doble función. Porque las palabras no solo influyen y afectan a quienes las escuchan o leen, sino que también *reflejan* y *revelan* cosas sobre la persona (o personas) que las ha creado.

Shakespeare solía usar pocas palabras relacionadas con la emoción, mientras que Theobald usaba muchas. Theobald era propenso a meter en sus textos muchas preposiciones y artículos, mientras que Fletcher incluía muchos verbos auxiliares y adverbios. Cada escritor tiene tendencia a escribir de una manera determinada.

En este sentido, podemos decir que el lenguaje es como una huella que deja trazas o señales de quienes lo han creado.

Además, y teniendo en cuenta que los individuos que se parecen utilizan támbién un lenguaje similar, podemos aprender mucho de cada cual a partir de su manera de expresarse. Las personas mayores hablan de forma diferente a como lo hacen las jóvenes; los individuos de tendencia política demócrata hablan distinto a los republicanos, y los introvertidos a los extrovertidos.[2] No es que siempre utilicen palabras diferentes, porque algunas se repiten, pero sabiendo lo que ha dicho alguien podemos deducir con bastante precisión su edad, su tendencia política y hasta su personalidad.

Y la capacidad predictiva del lenguaje no acaba aquí. Se puede predecir si una persona está mintiendo o no en función de las palabras que utiliza, y si a los estudiantes les irá bien el curso o no según las palabras que emplearon en su matrícula.[3] Es posible predecir si una mujer tendrá depresión posparto por sus publicaciones de Facebook,[4] y si una pareja está a punto de dejarlo por lo que ponen en las redes sociales (aunque no tenga nada que ver con la relación).[5]

Los seres humanos usamos el lenguaje para expresarnos, comunicarnos y alcanzar nuestros objetivos, y, por consiguiente, nuestro lenguaje dice mucho de quiénes somos, de cómo nos sentimos y de cómo nos irá en el futuro. Aunque no nos comuniquemos de forma estratégica ni intentemos de un modo consciente hablar de una manera u otra, igual que les ocurrió a Shakespeare y Theobald, las palabras revelan todo tipo de aspectos interesantes y relevantes.

Por ejemplo, qué probabilidad hay de que dejemos de pagar un crédito bancario.

PREDECIR EL FUTURO

Imagina que estás pensando prestar dinero a una de dos personas desconocidas. Cada una te pide dos mil dólares para arreglar el tejado de su casa, y sus características demográficas y económicas son idénticas: tienen la misma edad, son de la misma etnia y del mismo género, viven en la misma zona del país y tienen un nivel de ingresos muy similar. De hecho, lo único que las diferencia son las palabras empleadas para pedir el préstamo.

Persona 1	Persona 2
Soy una persona muy trabajadora, casada desde hace 25 años y con dos hijos maravillosos. Permítame explicarle para qué necesito el dinero: utilizaré los dos mil dólares para arreglar el tejado de mi casa. Gracias, Dios le bendiga. Prometo devolverle el préstamo.	Aunque el año pasado he estado muy a gusto en mi casa, ahora el tejado tiene una filtración y necesito dos mil dólares para cubrir el coste de la reparación. Siempre pago todas mis facturas puntualmente (por ejemplo, el préstamo del coche, los impuestos...).

¿Cuál de estas dos personas es más de fiar?

_____

A la hora de decidir conceder un préstamo a alguien, en los bancos se suelen fijar en la capacidad del prestatario para devolver el dinero. Y, aunque parece una cuestión bastante fácil de discernir, en realidad no lo es. Se tarda mucho en devolver un préstamo, y siempre pueden surgir imprevistos en ese periodo. Por lo tanto, los bancos y otras instituciones financieras se sirven de miles de puntuaciones para calcular el riesgo de conceder un préstamo.

El criterio más básico es la solidez financiera del prestatario: observan cuántas líneas de crédito (hipotecas, préstamos y tarjetas de crédito) ha tenido y si las ha pagado puntualmente. Se le da una puntuación de crédito FICO basándose en su informe de crédito, su nivel de ingresos y las deudas que tiene. Por ejemplo, para una persona que ya tenga muchos créditos o que se haya declarado en bancarrota alguna vez, el riesgo de impago será mayor.

Además de la solidez financiera, los rasgos demográficos también juegan un papel clave. Aunque la Ley de Igualdad de Oportunidades de Crédito y la Ley de Vivienda Justa (ECOA y FHA respectivamente, por sus siglas en inglés) prohíben que variables demográficas como la etnia y el género sean empleadas en las decisiones de solicitud de crédito, algunas entidades financieras tienen en cuenta factores correlacionados para tomar sus decisiones.

Por último, también influyen aspectos del propio préstamo: cuanto más dinero se pide o cuánto mayor es el tipo de interés, más probabilidades hay de impago.

Dicho esto, y aunque toda esta información ayuda a predecir el riesgo, tampoco es un diagnóstico del todo seguro. Una puntuación de crédito FICO, por ejemplo, ofrece una instantánea de lo ocurrido en el pasado, pero con frecuencia omite factores tan importantes como el estado de salud y la antigüedad en el empleo de la persona solicitante, que son factores más prospectivos. La personalidad y el estado emocional también influyen en el comportamiento económico, pero no quedan reflejados en las medidas puramente financieras.

Pero ¿podrían las palabras de la gente aportar información adicional?

El *crowdfunding* y las plataformas de préstamos entre particulares juegan un papel fundamental en el mercado actual. En lugar de pedir dinero a un banco, los consumidores publican sus necesidades, e inversores particulares y posibles prestamistas deciden a quién financiar. Los inversores pueden obtener unos beneficios más elevados que los que obtendrían con otros tipos de inversiones, y los prestatarios disfrutan de unos tipos de interés más bajos que los de un banco tradicional. Prosper, por ejemplo, ha permitido a más de un millón de personas obtener más de 18.000 millones de dólares en préstamos para todo tipo de fines, desde pagar la matrícula de la universidad hasta hacer reformas en el hogar.

Además de facilitar la información cuantitativa habitual (por ejemplo, la cantidad solicitada y la puntuación de crédito), los prestatarios también facilitan un breve informe o descripción sobre el uso que van a dar al dinero y por qué quien concede el préstamo debería elegirlos. Alguien, por ejemplo, cuenta que está expandiendo su negocio y necesita el dinero para adquirir más producto. Y otra persona explica que lo necesita para arreglar el tejado de su casa o para comprar más material para sus clases.

Pero, además del motivo de su petición, la forma de expresarse de quien solicita un crédito también es diferente en cada caso. Las dos personas que piden dinero para arreglar el tejado, en el ejemplo anterior, utilizan palabras bien diferentes. La persona 1 cuenta que es una «persona muy trabajadora», mientras que la otra dice «pago todas mis facturas puntualmente». La persona 1 habla de su familia («casada desde hace 25 años y con dos hijos maravillosos») y la otra no.

Es fácil ver estas descripciones como «palabrería barata» no verificable. A fin de cuentas, que alguien te diga «prometo devolverle el préstamo» no es garantía de que vaya a hacerlo. Lo mismo ocurre si la persona te dice que es de fiar y cumplidora.

Para comprobar si esta cháchara en apariencia improductiva podía arrojar algo de luz sobre qué prestatarios no pagarán, los investigadores analizaron más de 120.000 solicitudes.[6] Además de la información financiera y demográfica (localización geográfica, género y edad), analizaron los textos que cada solicitante adjuntó a su solicitud. Todo, desde cosas potencialmente relevantes como en qué iba a gastarse el dinero (por ejemplo, arreglar el tejado o comprar más suministros para la empresa), hasta otras menos relevantes, como las menciones a su familia o su religión.

Como era de esperar, la información financiera y demográfica jugó un papel clave. Solo con estas variables se podía predecir con bastante precisión quién dejaría de pagar el préstamo.

Pero analizando también el texto las cosas mejoraban aún más. Porque lo que cada solicitante había escrito en su descripción incrementaba de manera considerable la precisión de la predicción. Comparado con utilizar nada más que la información financiera y demográfica, incorporar la textual incrementaba el rendimiento de la inversión en casi un 6 %.

De hecho, el texto en sí era casi tan predictivo como el resto de la información que emplean de forma habitual los bancos. Las palabras de los prestatarios, sin que se dieran cuenta, daban mucha información sobre si acabarían devolviendo el préstamo.

Los investigadores también identificaron palabras o frases que diferenciaban a pagadores y morosos. Los primeros empleaban más las relacionadas con su situación financiera (por ejemplo: «interés» e «impuesto») o con mejoras en su posición económica (por ejemplo: «graduado» y «ascenso»). También palabras y frases que hacían referencia a sus conocimientos financieros (por ejemplo: «reinversión» y «pago mínimo»), y tenían más propensión a tratar temas como el empleo y la educación, la reducción de los tipos de interés y los pagos mensuales.

En cambio, los morosos empleaban un lenguaje claramente diferente. Tendían más a mencionar las dificultades económicas (por ejemplo: «préstamos a corto plazo» y «refinanciación») o con las dificultades en general (por ejemplo: «estrés» o «divorcio»), así como palabras y frases para justificar su situación (por ejemplo: «explicar por qué») o referidas a su situación laboral (por ejemplo: «mucho trabajo» o «trabajador»). Asimismo, eran más tendentes a «suplicar» (por ejemplo: «necesito ayuda» o «por favor, ayúdeme») o a hablar de religión.

De hecho, mientras que quienes usan la palabra «rcinvertir» tienen una probabilidad casi cinco veces mayor de devolver el préstamo en su totalidad, quienes se refieren a «Dios» tienen casi el doble de probabilidad de no pagarlo.

En otros casos, pagadores y morosos hablan de temas muy similares, pero de diferente manera. Ambos tipos de persona usan palabras relacionadas con el plazo de devolución, pero los morosos se centran más en el corto plazo (por ejemplo: «el mes que viene»), mientras que los pagadores lo hacen en el largo plazo (por ejemplo: «el año que viene»). También hablan de la gente, pero los pagadores hablan de sí mismos (por ejemplo: «yo haría», «yo hago» y «yo haré») y los morosos hablan de otros (por ejemplo: «Dios», «él» o «madre»). De hecho, cuando los morosos hablaban de sí mismos solían hacerlo usando el pronombre «nosotros», y no «yo».

Es curioso, muchos aspectos de la forma de escribir de estos morosos se asocian al estilo de los mentirosos y de los extrovertidos. Aunque no hay pruebas de que esos prestatarios morosos quisieran engañar a propósito a la hora de redactar sus solicitudes, lo cierto es que su forma de escribir refleja dudas sobre su capacidad para devolver el préstamo.

Volviendo a las dos personas que pedían dinero para arreglar el tejado, podemos decir que ambas elaboran un escrito persuasivo; parecen buenas personas que emplearán el dinero para una causa justa.

Persona 1	Persona 2
Soy una persona muy trabajadora, casada desde hace 25 años y con dos hijos maravillosos. Permítame explicarle para qué necesito el dinero: utilizaré los dos mil dólares para arreglar el tejado de mi casa. Gracias, Dios le bendiga. Prometo devolverle el préstamo.	Aunque el año pasado he estado muy a gusto en mi casa, ahora el tejado tiene una filtración y necesito dos mil dólares para cubrir el coste de la reparación. Siempre pago todas mis facturas puntualmente (por ejemplo, el préstamo del coche, los impuestos...).

Pero es más probable que la persona 2 devuelva el préstamo. Aunque la persona 1 parece más convincente, de hecho tiene 8 veces más probabilidades de dejar de pagar.*

---

* Efectos similares se han descubierto en otros ámbitos. Los compradores online que usan solo minúsculas para escribir su nombre y la dirección de envío, por ejemplo, tienen el doble de probabilidades de no pagar lo que han pedido. En cambio, los usuarios cuya dirección de correo electrónico incluye su nombre o apellido tienen menos probabilidades de impago.

Así pues, las palabras que usan las personas revelan sus acciones futuras. Aunque quieran ocultarlas, o ni siquiera ellas las conozcan, la información se filtra a través del lenguaje que utilizan.

QUÉ NOS DICE EL LENGUAJE SOBRE LA SOCIEDAD

El hecho de que el lenguaje revele quién ha escrito una obra o si alguien va a dejar de pagar un crédito es fascinante, pero las palabras pueden hacer mucho más. Porque más allá de informarnos sobre una persona en concreto el lenguaje también nos revela cosas sobre la sociedad en general; los prejuicios y las creencias que conforman nuestra manera de ver el mundo.

El sexismo es omnipresente. Desde la selección y evaluación de personal hasta el reconocimiento y la compensación salarial, lo cierto es que las mujeres suelen ser percibidas de un modo menos favorable y tratadas de forma más injusta. Cobran menos que un hombre por hacer el mismo trabajo, por ejemplo, y un currículum similar es visto como menos cualificado y se ofrece un sueldo menor si pertenece a una mujer.

Pero ¿de dónde viene este sexismo? ¿Y cómo se puede mitigar?

Al pensar en el sexismo, en los crímenes violentos o en casi cualquier otro trastorno social, se suele culpar a la cultura; se afirma, por ejemplo, que los videojuegos violentos hacen a la gente más violenta o que la música misógina refuerza el sexismo.

Y sí, hay algo de verdad en ello: algunas canciones que representan a las mujeres de manera negativa empeoran las actitudes en su contra y los comportamientos misóginos. En cambio, las que defienden la igualdad de género fomentan un comportamiento positivo hacia las mujeres. Por lo tanto, una razón para que tales estereotipos y prejuicios estén tan presentes es que están siendo reforzados continuamente por canciones, libros, películas y otros productos culturales que consumimos a diario.

Aunque sea cierto que la cultura ejerce un impacto, su composición real es menos clara. Pensemos en la música: ¿de verdad las letras de las canciones van en contra de las mujeres? ¿Cómo han cambiado dichas letras con el tiempo?

Para responder a esta pregunta Reihane Boghrati y yo recopilamos más de un cuarto de millón de canciones publicadas entre 1965 y 2018;[7] desde grandes éxitos de artistas actuales (como John Mayer y Usher) hasta otros más antiguos (como *Midnight Train to Georgia*, de Gladys Knight's), así como canciones pop, rock, hip-hop, country, dance y R&B que jamás habíamos escuchado.

Y, en lugar de hacer que la gente escuchara cada canción —lo cual nos habría llevado muchísimo tiempo— efectuamos un análisis de texto automático; algo parecido al que usaron los «detectives de Shakespeare» mencionados antes: sometimos la letra de cada canción a un algoritmo para saber si hablaba de cada género de una manera diferente. Esto es, no solo si decía cosas positivas o negativas de forma explícita, sino si exhibía una tendencia más sutil y potencialmente más dañina, como la que suele aparecer de forma subyacente a la hora de seleccionar a alguien para un trabajo.

Imagínate que hay dos candidatos a un puesto: Miguel y Susana. Ambas son personas brillantes. Miguel está muy capacitado y tiene mucha experiencia; Susana es muy empática y colaboradora. No me canso de elogiarles.

¿Te has dado cuenta de lo que ha pasado? Lo más probable es que no; porque tendemos a pensar en el sesgo de una manera bastante explícita.

Si quien se encarga de seleccionar al candidato trata de diferente manera al hombre y a la mujer, es que sufre un claro sesgo. O si un currículum se ve de diferente manera si pertenece a un hombre llamado Dylan (un nombre típico de blanco) o a otro llamado DeAndre (nombre habitual de afroamericano), es fácil ver que hay una tendencia racista.

Pero resulta que existen otras formas más sutiles de prejuzgar, aunque igual de peligrosas. Pensemos en Miguel y Susana: en apariencia, los dos tienen referencias positivas, pero las palabras que se usan para expresarlas son diferentes.

Como vemos con los adjetivos que describen a Miguel («capacitado» y «experimentado»), se suele hablar de los hombres en función de sus competencias: lo inteligentes que son y el éxito que tienen, si son grandes pensadores estratégicos y lo bien que se les da resolver problemas. De hecho, si buscas en internet imágenes de personas competentes, te saldrán el doble de hombres que de mujeres.[8]

En cambio, a las mujeres se las describe en función de otras características. Como vemos con los adjetivos empleados para describir a Susana («empática» y «colaboradora»), se suele hablar de ellas en referencia a su carácter relacional: si son educadas, solidarias y agradables, y si se les da bien establecer relaciones positivas o ayudar a otras personas a desarrollarse. Si buscas imágenes de personas de buen carácter, casi dos terceras partes serán de mujeres.

La diferencia entre la sociabilidad y la competencia puede parecer insignificante, pero tiene enormes consecuencias. Por ejemplo, contratar y ascender, sobre todo en el caso de puestos de liderazgo, depende casi siempre de lo competente que sea la persona. Y, puesto que el lenguaje para describir a las mujeres suele estar menos centrado en su competencia, eso las pone en situación de desventaja.

En nuestro caso, examinamos si esta diferencia lingüística aparecía también en las canciones: si estas se centraban menos en la competencia o en la inteligencia al hablar de las mujeres, y si esta tendencia había evolucionado con el tiempo.

Las pruebas resultantes fueron muy dispares. En cierta manera, las cosas habían mejorado. En los años 70 y principios de los 80, las canciones estaban sesgadas en contra de las mujeres; cuando hablaban de alguien inteligente, listo, ambicioso o valiente, esa persona era casi siempre un hombre. A finales de los 80 y principios de los 90, en cambio, la situación viró en una dirección más equitativa; tanto se tratase de música pop, dance, country, R&B o incluso de rock, empezaron a igualarse y ya se hablaba de las mujeres igual que de los hombres.

A finales de los 90, en cambio, se revirtió el avance y las canciones empezaron de nuevo a estar sesgadas; y siguen estándolo hoy en día. No tanto como en los 70, pero sí más que a principios de los 90.*

Además, estos cambios parecen estar impulsados por el lenguaje usado por los hombres. El de las mujeres músicas no cambiaba demasiado; incluso retrocediendo hasta los años 70, sus canciones suelen hablar de hombres y mujeres de una forma parecida, y sigue siendo así. Pero la forma de expresarse de los músicos masculinos se ha modificado mucho: empezaron en los 70 con claras diferencias, que fueron desapareciendo hasta

---

* La gente suele culpar al hip-hop de ser especialmente misógino, y la popularidad de este género creció en los 90, por lo que es probable que eso fuera lo que cambió el rumbo. Pero culpar al hip-hop es simplista, porque otros géneros siguieron patrones similares. La música country, por ejemplo, también se volvió más sesgada en los 90, como el R&B y la música dance.

principios de los 90, y después han vuelto a aparecer en las últimas décadas.

Ahora bien, la música no es el único ámbito donde se presentan estas diferencias de género. Los libros infantiles, por ejemplo, están dominados por personajes masculinos, e incluso cuando salen animales aparecen tres veces más machos que hembras.[9] En los libros de texto, tres cuartas partes de las personas que se mencionan son hombres,[10] en las películas tan solo el 30 % de los personajes son femeninos y en los estudios de caso de las escuelas de negocios solo el 11 % de los protagonistas son mujeres.

Y no es solo que a los hombres se los mencione más veces; la diferencia también estriba en la manera de hablar sobre unos y otras:[11] cuando se habla de hombres o mujeres en los periódicos, ellos suelen tener ocupaciones como «capitán» o «jefe», mientras que ellas suelen ser «amas de casa» o «recepcionistas». En las películas, los personajes femeninos hablan menos de cosas relacionadas con los logros. Y, en el ámbito deportivo, a las jugadoras de tenis se les pregunta más sobre temas que no tienen que ver con el deporte (por ejemplo, dónde se hace la manicura).

Es fácil culpar a una persona particular de este problema. Después de todo, cada periodista elige a alguien con una ocupación determinada, y cada reportero hace a cada tenista unas preguntas concretas.

Pero, en conjunto, las elecciones de estos individuos revelan mucho sobre la sociedad a la que pertenecen. Porque si solo hubiera un par de periodistas o músicos sexistas, apenas se notaría; tales menciones tendenciosas se verían sobrepasadas por el porcentaje mucho mayor de comentarios igualitarios.

Que dichas tendencias persistan en cientos, miles o incluso millones de ejemplos sugiere que algo más serio está pasando.

Más que reflejar los rasgos de un par de individuos y las elecciones individuales que estos hicieron, esas «migajas lingüísticas» indican que los problemas están mucho más arraigados, que hay formas diferentes de ver y tratar a los distintos colectivos de personas, y que pueden ser mucho más difíciles de cambiar.

Y en ningún ámbito es esto más visible que en las cuestiones raciales.

EL RACISMO Y LA ACTITUD POLICIAL

Breonna Taylor fue asesinada el 13 de marzo de 2020. Poco después de la medianoche, la policía irrumpió en el apartamento de esta técnica en emergencias sanitarias de veintiséis años. Taylor estaba en la cama, y creyendo que se trataba de ladrones abrió fuego contra los agentes, que respondieron con 32 disparos, seis de los cuales la alcanzaron y la mataron.

George Floyd fue asesinado el 25 de mayo de 2020. Había usado un billete de 20 dólares para pagar un paquete de cigarrillos en una tienda y el dependiente, pensando que el billete era falso, avisó a la policía. Diecisiete minutos después de que el primer coche patrulla llegara al lugar de los hechos, Floyd fue inmovilizado por tres oficiales y quedó inconsciente. Menos de una hora después, lo declararon muerto.

Estos son solo dos ejemplos de actuaciones policiales en las que las personas implicadas son afroamericanas. Tales incidentes provocaron protestas por todo Estados Unidos que, a su vez, produjeron el resurgimiento del movimiento Black Lives Matter («las vidas de los negros también importan») y dieron lugar a debates nacionales sobre el racismo y la actitud policial.

Pero al margen de estos dos incidentes, solemos perder de vista las interacciones cotidianas entre la policía y las comunidades a las que sirve.* Según las estadísticas, más del 25 % de la población entra en contacto con un agente de policía en algún momento durante el año, y la mayoría de tales interacciones se dan durante un control de tráfico.

Además de su frecuencia, cada una de estas interacciones es fundamental, ya que se trata de una oportunidad para reforzar o debilitar la confianza en la policía, para construir o destruir el puente de esta con su comunidad.

Y ¿cómo son estas interacciones cotidianas? ¿Se trata de diferente manera a los miembros de la comunidad blanca y afroamericana?

La respuesta parece depender de a quién le preguntes: los miembros de la comunidad afroamericana describen experiencias más negativas con la policía. Dicen haber sido tratados de forma injusta, brusca e irrespetuosa. Por ejemplo, más de tres cuartas partes de la población afroamericana afirma que la policía no trata con la misma justicia a su gente que a las personas blancas.[12]

Como es lógico, la policía no lo ve así. La mayoría de agentes rechaza la idea de que su comportamiento sea tendencioso;[13] consideran que las muertes de afroamericanos son casos aislados, provocados por unas pocas manzanas podridas o por las circunstancias. En su mayor parte dicen que se limitan a castigar la conducta criminal y que las diferencias de trato, más que estar motivadas por prejuicios o sesgos, se deben a las diferencias raciales entre quienes cometen los crímenes.

Entonces, ¿qué es?

---

* Huelga decir que son temas muy complejos. Los policías (hombres y mujeres) arriesgan su vida cada día para proteger a las comunidades a las que sirven, y todos sus ciudadanos, con independencia de su raza o etnia, tienen derecho a la seguridad y a un trato igualitario.

En 2017, un equipo de investigación de la Universidad de Stanford intentó averiguarlo.[14] Las interacciones de la policía con la ciudadanía dependen, es obvio, de un conjunto de factores complejos, pero para empezar a entender qué podía estar pasando estos investigadores se centraron en el lenguaje: analizaron cómo hablaban los policías a una y otra comunidad étnica.

En la ciudad de Oakland, California, analizaron grabaciones de las cámaras de miles de controles de tráfico, incluyendo cientos de casos de conductores blancos y afroamericanos a quienes se les daba el alto.

Estas interacciones seguían todas un guion similar: al automovilista se le ordenaba detenerse por conducir demasiado rápido o por tener alguna documentación caducada. Después de tomar algunas notas, comprobar la matrícula y asegurarse de que todo estaba en orden, el policía se acercaba a la ventanilla del conductor.

Cuando las cosas iban bien, entablaban una conversación en la que el agente le explicaba al conductor por qué le había parado y le pedía el carnet de conducir y los papeles del vehículo para hacer algunas comprobaciones. El conductor le entregaba la documentación y esperaba, paciente, hasta que el agente acababa de hacer las comprobaciones pertinentes. Al final, la situación se resolvía y las dos partes se separaban. Como consecuencia, el conductor recibía una multa o una indicación para arreglar algo y todo acababa de forma amigable.

Pero no todas las conversaciones eran así de lineales, y había muchas que se torcían. El policía podía pensar que el conductor llevaba un arma, que había bebido o consumido drogas. Por su parte, el conductor podía sentir miedo o angustia, y arremeter verbalmente contra el agente, o viceversa. Las cosas enseguida se nos pueden ir de las manos.

Aunque ambas partes en una interacción juegan un papel fundamental, las palabras del agente de policía son cruciales: pueden comunicar respeto y comprensión, o desprecio e indiferencia. Pueden calmar a un automovilista nervioso o hacer que se ponga aún más de los nervios.

Analizando el lenguaje de los policías, los investigadores comprobaron si conductores blancos y afroamericanos eran tratados con el mismo grado de respeto. Observar todos los controles de tráfico hubiera requerido mucho tiempo, y los propios prejuicios de los investigadores podrían afectar a sus conclusiones, así que decidieron que fuera el lenguaje el que hablara. Utilizaron, por tanto, el aprendizaje automático para medir y cuantificar de manera objetiva el lenguaje empleado.

Los resultados fueron sorprendentes. Cientos de horas de interacciones demostraron que el lenguaje de la policía hacia las personas afroamericanas era menos educado, amable y respetuoso.

Para hablar con conductores blancos usaban tratamientos más formales (como «señor» o «señora»), tranquilizaban al individuo (diciéndole cosas como «está bien», «no se preocupe» o «no hay problema») o le hacían una sugerencia («puede» o «podría»). Tenían, además, tendencia a llamar a esa persona por su nombre, a hablarle de cuestiones relacionadas con la seguridad o a usar palabras positivas.

En cambio, al hablar con automovilistas negros la policía solía usar tratamientos menos formales (como «amigo» o «campeón»), les hacía más preguntas o les decía que pusieran las manos en el volante. En resumen, el estudio demostró que «las interacciones de la policía con los miembros de la comunidad afroamericana son más tensas que las que tienen con la comunidad blanca».

En justicia, habría que preguntarse si estas diferencias se deben a algo más que al color de la piel. Tal vez esos agentes eran más amables con los conductores blancos porque «casualmente» pararon a más mayores o mujeres; o las diferencias se debían a la gravedad de la infracción: si a algunos conductores se les detenía por infracciones menores (por ejemplo, un faro que no funcionaba) y a otros por infracciones mayores, tal vez la propia infracción fuera la causante de las diferencias lingüísticas. O a lo mejor el trato distintivo se debiera a la etnia del policía o a si se estaba llevando a cabo un registro.

Pero, incluso controlando estos aspectos, los resultados seguían siendo los mismos: los policías hablaban con menos respeto a la comunidad afroamericana. Incluso siendo personas de la misma edad y el mismo género, detenidas en la misma zona de la ciudad y por la misma causa, el lenguaje de los agentes siempre era más respetuoso cuando se trataba de individuos blancos.

Y la diferencia de trato no solo se observó en un par de oficiales sin escrúpulos, sino en cientos de ellos, con independencia de que fueran de origen caucásico, negro, hispano, asiático o de donde fuera; siempre se daba el mismo patrón: se trataba con menos respeto a los conductores negros.

Uno de los investigadores afirmó: «Solo fijándonos en las palabras del policía podíamos predecir con exactitud, dos de cada tres veces, el grupo étnico de la persona con la que estaba hablando».

Y es que, mientras a los blancos les decían cosas como «aquí tiene, señora. Conduzca con cuidado» o «ningún problema. Muchas gracias, señor», a los afroamericanos les decían cosas bastante diferentes. Frases como «¿puedo ver otra vez su permiso de conducir?» o «está bien, hombre. Hágame un favor, mantenga las manos sobre el volante».*

En conjunto, estas diferencias en apariencia inofensivas se convirtieron en disparidades raciales generalizadas.

El estudio de Stanford plantea una serie de cuestiones relevantes. Es fácil llamar racistas a los agentes de policía, o señalar esto como prueba de que la policía va siempre a pillar a los afroamericanos.

Esto es una manera de interpretar los resultados, pero la verdad es mucho más sutil y a la vez más compleja.

Puede que algunos agentes sean racistas; dadas las actuaciones de algunos de ellos en ciertos casos, es muy probable que así sea.

Pero, de todos modos, incluso si no es intencional, lo cierto es que hay una proporción mucho mayor de policías que tratan de manera diferente a afroamericanos y blancos. Pero también hay muchos otros que buscan hacer el bien y que simplemente lo hacen lo mejor que pueden en cada situación. No obstante, se den cuenta o no, lo pretendan o no, la verdad es que usaban palabras diferentes. Y eso es lo que lleva a que el problema de base sea aún más difícil de resolver.

Porque una cosa es identificar a unos cuantos policías malos, arrancar esas manzanas podridas y acabar con ellas.

---

* La etnia también influía en cosas tan sutiles como el tono de voz. Cuando hablaban con automovilistas negros, los agentes mostraban más negatividad, más tensión, menos amabilidad y menos respeto. También tenían más propensión a menospreciarles respecto a las personas blancas. No es de extrañar que estas diferencias lingüísticas tengan importantes consecuencias. Comparado con el tono empleado con los automovilistas blancos, escuchar el que utilizaban con la gente negra reducía la confianza en la institución policial y era un signo de que la policía se preocupaba menos por esta comunidad.

Pero desarraigar estereotipos, asociaciones, hábitos y respuestas de cientos de miles de policías requiere un esfuerzo mucho mayor.*

La buena noticia es que el lenguaje ayuda, porque, aunque casi todos los policías tienen buenas intenciones e intentan hacer siempre lo correcto, lo cierto es que su forma de expresarse contribuye a identificar lo que hay que mejorar, cuáles son los lugares en los que, aunque no se den cuenta, tratan a la gente de diferente manera. Y si detectamos estas tendencias inconscientes podremos reconducir las cosas a buen puerto.

---

* Los sesgos o prejuicios no se refieren solo a la policía o a los controles de tráfico. Los libros tienen tendencia a ir contra la población de origen asiático (por ejemplo, hay más propensión a llamar a estas personas pasivas o afeminadas), también hay muchos artículos en contra del islam (y más tendencia a relacionarlo con el terrorismo) y otras muchas formas en que la cultura está sesgada. Una vez que nos demos cuenta de cuáles son estas tendencias, podremos combatirlas.

Epílogo

A lo largo del libro hemos hablado del poder de las palabras mágicas, de cómo las palabras que usamos y la manera que tenemos de usarlas puede ejercer un gran impacto en nuestra felicidad y en nuestro éxito. Las palabras mágicas nos ayudan a convencer, a reforzar los vínculos sociales y a comunicarnos con mayor eficacia.

Primero hemos abordado el lenguaje de la *identidad* y la *voluntad de actuar*. Nos hemos referido a cómo, más que transmitir peticiones o información, las palabras pueden indicar quién manda, quién tiene la culpa y qué supone emprender una determinada acción. Y hemos aprendido a aumentar nuestra influencia convirtiendo las acciones en identidades (por ejemplo: ayuda ➡ ayudante, o voto ➡ votante), a mantenernos fieles a nuestros objetivos cambiando los *no puedo* por *no + verbo*, y a actuar con más creatividad solventando problemas mediante la sustitución de los *debería* por *podría*. Hemos señalado que hablar con nosotros mismos nos puede ser útil para reducir la ansiedad y mejorar el rendimiento, y cuándo palabras como «tú» son útiles o perjudiciales.

En segundo lugar, hemos abordado el lenguaje de la *confianza*. Más allá de comunicar hechos y opiniones, las palabras transmiten nuestra seguridad sobre esos hechos y opiniones.

Hemos descubierto por qué es igual de importante lo que dicen los abogados y los hechos que exponen, cómo se puede hablar con poder y por qué deberíamos convertir los pasados en presentes (decir, por ejemplo, que un restaurante «tiene» una comida excelente en vez de que la «tenía» hace que más gente quiera ir a probarla). También hemos aprendido las palabras que hacen percibir a un comunicador como más creíble, digno de confianza y con autoridad, y cuándo es mejor mostrar seguridad que expresar dudas; cuándo reducir las atenuaciones y los titubeos, y en qué situaciones estas no son tan perjudiciales.

En tercer lugar, nos hemos referido al lenguaje de las *preguntas*. Aunque se suele pensar que sirven solo para recabar información, en realidad tienen muchas más funciones. Hemos aprendido que pedir consejo nos hace parecer más competentes, y que quienes tienen una primera cita y hacen más preguntas cuentan con más probabilidades de llegar a la segunda. Pero, aparte de los beneficios generales de hacer preguntas, hemos visto qué tipos de preguntas son más efectivos y el momento oportuno de formularlas; por qué las preguntas de seguimiento son especialmente beneficiosas; cómo usar las preguntas para desviar un tema y cómo hacer otras que evitan suposiciones; y cómo reforzar los vínculos con alguien, desde un conocido hasta un colega del trabajo, haciendo las preguntas adecuadas y en el orden correcto (empezando sobre seguro y después profundizando).

En cuarto lugar, hemos hablado de la *concreción* del lenguaje. Hemos intentado descubrir si cuando se habla con clientes, colegas, familiares o amigos caemos presa de la «maldición del conocimiento». Es decir, si hablamos o nos comunicamos a un nivel elevado pensando que otras personas nos entienden cuando en realidad no entienden nada. La concreción lingüística nos puede ayudar en este sentido. Hemos expuesto cómo demostrar que estamos escuchando, de por qué hablar de «arreglar» y no de «resolver» los problemas mejora la satisfacción del cliente, y de por qué referirse a una «camiseta gris» y no a un «top» en general incrementa las ventas. Hemos visto que mediante un lenguaje específico y claro demostramos que estamos escuchando, fomentamos la atención y facilitamos la comprensión de las ideas. Pero también hemos examinado cuándo es mejor hablar de forma abstracta y por qué el lenguaje abstracto ayuda a las *startups* a obtener financiación o signo de liderazgo.

En quinto lugar, hemos tratado el lenguaje de la *emoción*. A veces la gente cree que solo los hechos venden ideas, pero esa creencia suele ser errónea. El lenguaje emocional puede ser una forma muy poderosa de atraer la atención, cautivar a la audiencia y convencer a la gente de emprenda una acción. En el libro hemos analizado qué elementos forman una buena historia y cuál es el valor de los puntos bajos para hacer que los álgidos sean más impactantes. Pero también hemos hablado de que es básico considerar el contexto y pensar más allá de la mera positividad y negatividad; de que las palabras «extraordinario» y «perfecto» son positivas, pero que el uso más adecuado de una o de otra dependerá del contexto (más hedónico o más utilitario); y de cómo elaborar presentaciones, historias y contenidos que despierten el interés de la gente, con independencia del tema que traten.

En sexto lugar nos hemos adentrado en el lenguaje de la *similitud* (y la diferencia): cómo quienes escriben de manera similar a sus colegas tienen más probabilidades de ascender en el trabajo, y cómo las parejas que hablan con un lenguaje similar cuentan con más probabilidades de tener una segunda cita. Pero para que no parezca que la similitud es siempre buena, hemos tocado también el tema de cuándo y por qué la diferencia es mejor: por qué las canciones de éxito suelen ser diferentes de las demás de su género y por qué las citas con palabras inusuales suelen ser más fáciles de recordar; cómo puede el lenguaje ayudar a cuantificar la velocidad de progresión de las historias y cuándo es mejor que se desarrollen rápida o lentamente. También hemos explicado que el volumen y la tortuosidad de películas, programas de televisión y libros predicen si serán un éxito o no.

Estos seis tipos de palabras mágicas, aunque distintos, te pueden ayudar en todos los aspectos de la vida.

Si bien los seis primeros capítulos se centran en el impacto del lenguaje, o en cómo las palabras y las frases se pueden usar para influir en los demás, en el último hemos examinado otra forma de «magia» de las palabras: lo que revelan sobre la gente y la sociedad que las crea. Hemos visto cómo los investigadores identificaron, sin leerla, una obra de Shakespeare perdida hacía mucho tiempo, y por qué las palabras que emplean quienes solicitan un préstamo arrojan luz sobre las probabilidades de que dejen de pagarlo. Además, tras analizar cientos de miles de canciones hemos respondido a la vieja pregunta de si la música es misógina (y si esto ha cambiado con el tiempo), y también hemos analizado el lenguaje de la policía para ver qué nos dice sobre los prejuicios raciales sutiles.

Las palabras mágicas se usan a menudo para describir un lenguaje que tiene un impacto enorme. Pronunciando expresiones como «¡abracadabra!» o «¡ábrete, sésamo!», los magos y los místicos son capaces de hacer cosas que parecían imposibles.

De hecho, hemos visto a lo largo del libro que las palabras adecuadas, utilizadas en el momento adecuado, pueden llegar a tener un poder enorme. Porque nos ayudan a convencer a clientes y colegas, a obtener el compromiso de audiencias y conocidos, y a conectar con socios e iguales.

Y, aunque el impacto de estas palabras pueda parecer mágico, no hace falta dedicarse a la magia para utilizarlas. De hecho, más que ser un hechizo o algún tipo de «caja negra» de origen indeterminado, estas palabras funcionan porque se basan en los conocimientos de la ciencia del comportamiento humano.

Esto es, entendiendo cómo funcionan las palabras mágicas, cualquier persona puede aprovechar su poder.

El libro empezaba con una anécdota sobre mi hijo Jasper y su descubrimiento de la palabra mágica «*please*». Y es gracioso ver cómo va aprendiendo palabras nuevas y su significado conforme crece. Es una esponja. Un día, de repente, empieza a decir «básicamente», tal vez porque se la ha oído decir a alguien; otro día se pone a decir que necesita algo «de inmediato», seguro que también porque se lo ha oído decir a alguien.

También empieza ya a criticar mi manera de emplear las palabras. Un día le digo que *necesito* que se ponga la chaqueta, a lo que él me contesta que yo no *necesito* que se ponga la chaqueta, sino que *quiero* que se la ponga. Veremos qué más me llega a decir.

Hay una investigación en la que pienso muy a menudo.

Ser padres es muy parecido a ser un perro pastor: tu trabajo consiste en animar a tu «rebaño» a ir en la dirección adecuada, pero casi siempre a los hijos les interesa más hacer otra cosa. Entonces tú tienes que darles un empujoncito, persuadirles y engatusarles. Pedirles que se pongan los zapatos. Recordarles que no han de empujar a su hermana. Pedirles (otra vez) que se pongan los zapatos, esta vez con un tono más serio.

Felicitarles parece mucho más fácil. Cuando los críos descubren algo por su cuenta, te enseñan lo que han dibujado o te traen un sobresaliente en Matemáticas, tienes la oportunidad de celebrarlo y de aplaudir lo que han hecho.

A finales de 1990, dos investigadores del comportamiento de la Universidad de Columbia se preguntaron si la *forma* de elogiar tenía importancia.[1] Más en concreto, querían comprobar si el uso de determinadas palabras a la hora de elogiar influía en la motivación de las personas.

Seleccionaron a un grupo de alumnos de quinto curso y les pidieron que resolvieran algunos problemas de razonamiento abstracto; cosas como mirar una serie de formas y averiguar cuál, de entre varias opciones, sería la siguiente forma.

Los estudiantes trabajaron los problemas durante unos minutos y después los investigadores les hicieron un comentario sobre cómo lo estaban haciendo. A todo el grupo se le dijo que lo estaba haciendo bien (con expresiones como «¡bravo! Has hecho muy bien estos problemas»), pero además a una parte se le elogió por su habilidad; en este caso, por su inteligencia («Eres muy inteligente resolviendo estos problemas»).

Los investigadores eligieron esta forma de elogio porque es la que se suele emplear cuando alguien hace bien una tarea. Así, cuando los estudiantes dan la respuesta correcta en una prueba de evaluación o los trabajadores logran resolver un problema, se les suele elogiar por su inteligencia. Creemos que así animamos a las personas a seguir aprendiendo o esforzándose. Pero estos investigadores se preguntaban qué pasaría cuando los receptores de tales elogios se enfrentaran a la adversidad. Vamos, cuando las cosas se pusieran más difíciles.

Así pues, tras recibir el primer comentario positivo a esos estudiantes se les daba un problema más difícil de resolver. Esta vez se les decía que lo habían hecho peor («mucho peor») y que habían resuelto menos de la mitad de los problemas. Entonces a todo el grupo se le daba una tercera tanda de problemas, de dificultad similar a la de los primeros, y se observaba cómo los habían hecho.

Se vio que los estudiantes que no habían recibido elogios los resolvieron casi igual de bien que la primera vez, ni peor ni mejor. Además, solucionaron un número similar de problemas y disfrutaron haciéndolo.

Pero los estudiantes que habían recibido elogios por su habilidad, en concreto por su inteligencia, lo hicieron bastante peor. Es decir, los elogios, en lugar de favorecerles, habían reducido su habilidad y les habían llevado a resolver menos problemas que la primera vez, y peor.

Hubo también otras consecuencias negativas: además de empeorar el rendimiento, los elogios también hicieron que a estos participantes se les quitaran las ganas de resolver acertijos y que les interesase menos persistir en su resolución.

Por tanto, el hecho de elogiar sus habilidades había modificado su manera de ver las cosas. En vez de interesarse por aprender, o disfrutar resolviendo acertijos, veían la resolución de problemas como una oportunidad para demostrar lo inteligentes que eran. La inteligencia se convirtió entonces en un rasgo, algo que tenían o no tenían; y si el éxito quería decir que eran inteligentes, el fracaso quería decir que eran torpes, por lo que se interesaban menos en esforzarse cuando se topaban con dificultades.

Pero esto no implica, ni mucho menos, que todos los elogios sean perjudiciales.

Los investigadores elogiaron a otro grupo de estudiantes con palabras un tanto diferentes: en lugar de elogiar a la *persona*, o decirle lo inteligente que era, elogiaron el *proceso*, lo mucho que se habían esforzado («has tenido que poner mucho de tu parte para resolver estos problemas»).

Lo mismo que ocurre con muchas de las ideas que hemos comentado en este libro, la diferencia entre estos enfoques es, en apariencia, leve; al fin y al cabo, a todo el grupo de estudiantes se le dijo que lo habían hecho bien, y apenas se usaron dos o tres palabras distintas.

Pero esas dos o tres palabras marcaron la diferencia. Elogiar el proceso que habían llevado a cabo los estudiantes o lo mucho que se habían esforzado les animó a seguir mejorando e intentándolo. Tuvieron más motivación para seguir resolviendo acertijos y disfrutaron más de la experiencia. Les interesaba más aprender y menos hacerlo bien, y este cambio de actitud les llevó a obtener mejores resultados.

Decirle a alguien que es inteligente, que se le dan bien las matemáticas o que es un presentador excelente implica que su rendimiento depende de un rasgo estable. Si ha hecho bien un examen es que tiene ese rasgo, pero si no lo ha hecho bien... mala suerte: no posee «eso» que se necesita y tampoco puede hacer gran cosa para cambiar la situación.

Pero reformular ese comentario sobre un rasgo personal y convertirlo en un elogio del proceso tiene más posibilidades de producir el efecto deseado. Decirle a alguien que lo ha hecho bien, o que ha hecho un buen trabajo en un examen o una presentación supone centrarse menos en los rasgos y más en el caso concreto.* Esto implica que si las cosas no salen tan bien de vez en cuando no quiere decir que sea un fracaso o que exista falta de habilidad; no es más que un traspié y un recordatorio de que la próxima vez has de trabajar más.

En definitiva, unas pocas palabras (mágicas) pueden marcar la diferencia.

---

* Lo mismo ocurre con frases como «buen trabajo, te habrás esforzado mucho» o «has estudiado mucho y tu mejora lo demuestra».

Apéndice

Guía de referencia para utilizar y aplicar el procesamiento del lenguaje natural

Casi todo el libro se ha centrado en las personas y en cómo conociendo la nueva ciencia del lenguaje podemos incrementar nuestra influencia y tener más éxito tanto en la vida personal como en la profesional.

Pero las herramientas descritas son también útiles para empresas y organizaciones. Aquí tienes un par de ejemplos de cómo implementarlas en esos ámbitos.

ANÁLISIS DE CLIENTES

Muchas empresas usan el procesamiento del lenguaje natural para efectuar análisis de clientes: se sirven de lo que sus clientes o clientes potenciales escriben o dicen para predecir su comportamiento o para fomentar las acciones deseadas.

Por ejemplo, fijémonos en la segmentación. Ciertos clientes pueden tener problemas o quejas, pero ¿cómo saber a dónde dirigirlas? Si usamos sus palabras nos haremos una idea de qué buscan y a quién dirigirles. Podemos emplear el aprendizaje automático para averiguar quién tiene mayor tendencia a cancelar el servicio, e intentar intervenir.

Las mismas ideas se pueden aplicar a la clientela potencial. Las redes sociales ofrecen una gran cantidad de información sobre las personas y sus intereses. Las empresas recurren a esta información para orientar su publicidad, calculando a quién mostrar cada mensaje en función de su probabilidad de conversión. El llamado *look-alike targeting* (que se podría traducir como «segmentación de semejantes») busca a personas lo más parecidas posible en determinados atributos a la clientela existente, y utiliza esta información para determinar a qué clientela potencial le interesará más un producto o servicio.

Las empresas también se sirven del lenguaje para saber qué productos lanzar o qué problemas tratar. El enfoque denominado «escucha social» combina la información de las redes sociales para saber cómo habla la gente de un producto, servicio o idea. Un hotel, por ejemplo, sabrá si varios clientes se quejan de sus camas, y usará esta información para modificar lo que sea pertinente. Y un fabricante de medicamentos puede enterarse por las redes sociales de posibles efectos secundarios de su producto, o de lo que preocupa a sus clientes.

Otra posibilidad es utilizar esta información para desarrollar nuevos productos. Sabiendo que la clientela no está satisfecha con los productos o servicios actuales, las empresas pueden determinar la mejor manera de desarrollar otros nuevos. También los datos de búsquedas en internet se pueden usar para localizar las oportunidades en un mercado o ver dónde el interés es mayor.

PROCESOS LEGALES

El lenguaje también se puede emplear de formas muy interesantes en los procesos legales. Pongamos que una marca de detergente ha sido acusada de «engaño verde»: ha estado anunciándose como ecológica cuando en realidad no lo es. El enfoque habitual implicaría preguntar a una serie de expertos su opinión sobre lo que está ocurriendo. Así, un experto de la parte demandante podría referirse a un anuncio en particular, y argumentar que puesto que muestra imágenes de árboles o de la tierra quiere decir que la marca se anuncia como ecológica.

Aunque esta es una buena opinión, e incluso podría ser correcta, el problema es justo ese: no es más que una opinión. Y bastante subjetiva.

Porque el experto de la defensa podría mirar el mismo anuncio y generar una opinión diferente en función del bando al que apoya. Ese anuncio también habla de la limpieza eficaz, por lo que se podría usar esto como muestra de que la marca en realidad no está diciendo que sea ecológica.

Pero entonces ¿es ecológica o no?

En realidad, en vez de que un experto haga su estimación y la otra parte haga también la suya, el análisis de texto ofrece una imagen más realista de lo que pasa. Si sumamos el lenguaje empleado en un gran número de anuncios (o de publicaciones de la marca en las redes sociales) obtendremos una idea bastante más precisa de lo que está ocurriendo.

Para empezar, habría que contar las palabras: tomar una lista de términos relacionados con el medio ambiente (como tierra, medio ambiente y ecológico) y comprobar el número de veces que aparecen. ¿Qué porcentaje de anuncios o publicaciones en las redes sociales utilizan al menos una de estas palabras? Además, ¿es este lenguaje el que prevalece a lo largo del tiempo o aparece solo en unos pocos anuncios que se publican en una zona determinada?

Existen otras técnicas más complejas que pueden arrojar más luz sobre este asunto. Si comparamos el lenguaje de esta marca de detergente con el de otras marcas, sean ecológicas (como Seventh Generation o Tide *purclean*) o no (como Gain o *regular* Tide), obtendremos una respuesta más objetiva.

Por tanto, si nos servimos de la información procedente de miles de anuncios o publicaciones de otras marcas conocidas como ecológicas o no, podremos entrenar a un clasificador de aprendizaje automático para identificar hasta qué punto una publicación o un anuncio determinado está promocionando una marca como ecológica. Después, pasando por ese algoritmo todos los anuncios y publicaciones, podremos ver si por término medio la marca de detergente denunciada está en realidad publicitándose como ecológica.

Es posible emplear otras técnicas similares para evaluar si la publicidad de una determinada marca de alcohol va dirigida a los jóvenes, o si un político habla más como demócrata o como republicano.

El análisis de texto automático resulta útil en estos y otros ejemplos similares, y lo es porque nos permite retroceder en el tiempo.

Pongamos que una empresa tecnológica está siendo acusada de publicidad engañosa. Afirmaba en un par de anuncios que sus ordenadores eran «ligeros como una pluma», y la demanda alega que los consumidores los compraron basándose en esta falsa premisa.

Un método habitual en este caso sería hacer un estudio: seleccionar a un grupo de consumidores, enseñarles el anuncio y ver si les interesa más comprar el ordenador que quienes no lo han visto.

Pero, por desgracia, un estudio de estas características no resolvería la cuestión, porque aunque sus resultados muestren cuál es la reacción de los consumidores al ver al anuncio *hoy*, no dice cuál fue, o cuál habría sido, si lo hubieran visto cuando se publicó hace un par de años. Y es que el contexto cambia con el tiempo: una afirmación que tuvo un efecto determinado hace dos años tendrá hoy en día un efecto por completo diferente.

Así pues, mientras no inventemos una máquina del tiempo es casi imposible saber lo que la gente sentía hace dos años.

En cambio, el análisis de texto sí puede lograrlo.

Analizando las publicaciones en las redes sociales o las reseñas de los productos podemos hacernos una idea más ajustada de si la gente eligió el producto en función de lo que decía el anuncio, y si este influyó en su actitud hacia ese ordenador en concreto. Examinar las publicaciones o comentarios de los consumidores sobre el producto antes y después de que se publicara el anuncio nos permitiría saber si este modificó su actitud en positivo. De igual modo, profundizando en el contenido de esos comentarios o publicaciones podríamos ver no solo si los consumidores dijeron cosas más positivas sobre el ordenador, sino también si mencionaron atributos como su peso.

El lenguaje de los medios de comunicación también puede ser útil en casos como este. Analizando las palabras que se emplean en los artículos periodísticos sobre el producto podríamos ver si los medios de comunicación publicaron las afirmaciones hechas por la marca.

Viajar en el tiempo es todavía imposible, pero el análisis de textos permite un nuevo tipo de arqueología: como si fueran fósiles de una antigua civilización, o un insecto conservado en ámbar, las opiniones, las actitudes y los pensamientos que tienen décadas de antigüedad están ocultos en el lenguaje digitalizado, y el análisis de texto automatizado ofrece las herramientas necesarias para descifrar las ideas que esconden.

ALGUNAS HERRAMIENTAS ASEQUIBLES

Este libro se ha centrado en los conocimientos adquiridos a partir del lenguaje, pero hay gente a la que le interesará usar algunas de las herramientas mencionadas. A continuación cito dos que son fáciles de implementar:

- https://liwc.app/: es un buen recurso para puntuar textos en una variedad de dimensiones psicológicas.
- http://textanalyzer.or/: útil para puntuar textos en otras dimensiones y extraer temas básicos.

Si te interesan las herramientas más complejas o saber cómo utilizarlas en diversos entornos, te ofrezco la referencia de dos estudios recientes en los que se presentan diferentes metodologías:

- Jonah Berger y Grant Packard, «Using natural language processing to understand people and culture». *American Psychologist*, 77(4), 525-537.
- Jonah Berger, Ashlee Humphreys, Stephen Ludwig, Wendy Moe, Oded Netzer y David Schweidel, «Uniting the Tribes: Using Text for Marketing Insight», *Journal of Marketing* 84, n.º 1 (2020): 1-25.

Agradecimientos

Este libro no habría sido posible sin Grant Packard, colaborador, compañero y amigo que me enseñó casi todo lo que sé sobre el lenguaje. Espero que sigamos muchos más años colaborando con éxito. Gracias a Hollis Heimbouch y James Neidhardt por todos sus comentarios, a Jim Levine por su constante guía y apoyo, y a Noah Katz por ayudarme con los datos y las referencias. Gracias a Maria y a Jamie por introducirme en el mundo de los nuevos enigmas lingüísticos, a Jamie Pennebaker por su impresionante trabajo en este tema, y a Lilly y Caroline por amar los libros. Por último, quiero agradecer a Jordan, Jasper, Jesse y Zoe por hacer que cada día sea mágico.

Notas

Introducción

1. Matthias R. Mehl *et al.*, «Are Women Really More Talkative than Men?», *Science* 317, n.º 5834 (2007): 82, doi.org/10.1126/science.1139940
2. Ellen J. Langer, Arthur Blank y Benzion Chanowitz, «The Mindlessness of Ostensibly Thoughtful Action: The Role of "Placebic" Information in Interpersonal Interaction», Journal *of Personality and Social Psychology* 36, n.º 6 (1978): 635.

Capítulo 1: Palabras que activan la identidad y la voluntad de actuar

1. Christopher J. Bryan, Allison Master y Gregory M. Walton, «"Helping" Versus "Being a Helper": Invoking the Self to Increase Helping in Young Children», *Child Development* 85, n.º 5 (2014): 1836.42, https://doi.org/10.1111/cdev.12244
2. Susan A. Gelman y Gail D. Heyman, «Carrot-Eaters y Creature-Believers: The Effects of Lexicalization on Children's Inferences About Social Categories», Psychological *Science* 10, n.º 6 (1999): 489-93, https://doi.org/10.1111/1467-9280.00194
3. Gregory M. Walton y Mahzarin R. Banaji, «Being What You Say: The Effect of Essentialist Linguistic Labels on Preferences», *Social Cognition* 22, n.º 2 (2004): 193-213, https://doi.org/10.1521/soco.22.2.193.35463
4. Christopher J. Bryan *et al.*, «Motivating Voter Turnout by Invoking the Self», *Proceedings of the National Academy of Sciences of the United States of America* 108, n.º 31 (2011): 12653-56, https://doi.org/10.1073/pnas.1103343108
5. Christopher J. Bryan, Gabrielle S. Adams y Benoit Monin, «When Cheating Would Make You a Cheater: Implicating the Self Prevents Unethical Behavior», *Journal of Experimental Psychology: General* 142, n.º 4 (2013): 1001, https://doi.org/10.1037/a0030655

6. Vanessa M. Patrick y Henrik Hagtvedt, «"I don't" versus "I can't": When Empowered Refusal Motivates Goal-Directed Behavior», *Journal of Consumer Research* 39, n.º 2 (2012): 371-81, https://doi.org/10.1086/663212. Ver también el extraordinario libro de Vanessa Patrick *The Power of Saying No: The New Science of How to Say No that Puts You in Charge of Your Life*. Sourcebooks.

7. Ting Zhang, Francesca Gino y Joshua D. Margolis, «Does "Could" Lead to Good? On the Road to Moral Insight», *Academy of Management Journal* 61, n.º 3 (2018): 857-95, https://doi.org/10.5465/amj.2014.0839

8. Ellen J. Langer y Alison I. Piper, «The Prevention of Mindlessness», *Journal of Personality and Social Psychology* 53, n.º 2 (1857): 280, https://doi.org/10.1037/0022-3514.53.2.280

9. Ethan Kross ha hecho un excelente trabajo en este ámbito; ver su libro *Chatter: The Voice in Our Head, Why it Matters, and How to Harness It* (Nueva York: Crown, 2021).

10. Ethan Kross *et al.*, «Third-PersonSelf-Talk Reduces Ebola Worry and Risk Perception by Enhancing Rational Thinking», *Applied Psychology: Health and Well-Being* 9, n.º 3 (2017): 387- 409, https://doi.org/10.1111/aphw.12103; Celina R. Furman, Ethan Kross y Ashley N. Gearhardt, «Distanced Self-Talk Enhances Goal Pursuit to Eat Healthier», *Clinical Psychological Science* 8, n.º 2 (2020): 366-73, https://doi.org/10.1177/216770261989636

11. Antonis Hatzigeorgiadis *et al.*, «Self-Talk and Sports Performance: A Meta-analysis», *Perspectives on Psychological Science* 6, n.º 4 (2011): 348-56, https://doi.org/10.1177/1745691611413136

12. Ryan E. Cruz, James M. Leonhardt y Todd Pezzuti, «Second Person Pronouns Enhance Consumer Involvement and Brand Attitude», *Journal of Interactive Marketing* 39 (2017): 10416, https://10.1016/j.intmar.2017.05.001

13. Grant Packard, Sarah G. Moore y Brent McFerran, «(I'm) Happy to Help (You): The Impact of Personal Pronoun Use in Customer-Firm Interactions», *Journal of Marketing Research* 55, n.º 5 (2018): 541-55, https://doi.org/10.1509/jmr.16.0118

Capítulo 2: Palabras que transmiten confianza

1. William M. O'Barr, *Linguistic Evidence: Language, Power, and Strategy in the Courtroom* (Nueva York: Academic Press, 2014).

2. Bonnie E. Erickson *et al.*, «Speech Style and Impression Formation in a Court Setting: The Effects of "Powerful" and "Powerless" Speech», *Journal of Experimental Social Psychology* 14, n.º 3 (1978): 266-79, https://doi.org/10.1016/0022-1031(78)90015-X

3. Algunos ejemplos de este trabajo incluyen: Mark Adkins y Dale E. Brashers, «The Power of Language in Computer-Mediated Groups», *Management Communication Quarterly* 8, n.º 3 (1995): 289-322, https://doi.org/10.1177/0893318995008003002; Lawrence A. Hosman, «The Evaluative Consequences of Hedges, Hesitations, and Intensifies: Powerful and Powerless Speech Styles», *Human Communication Research* 15, n.º 3 (1989): 383-406, https://doi.org/10.1111/j.1468-2958.1989.tb00190.x; Nancy A. Burelland y Randal J. Koper, «The Efficacy of Powerful/Powerless Language on Attitudes and Source Credibility», en *Persuasion: Advances Through Meta-analysis*, editado por Michael Allen y Raymond W. Preiss (Creskill, NJ: Hampton Press, 1988): 203-15; Charles S. Areni y John R. Sparks, «Language Power and Persuasion», *Psychology & Marketing* 22, n.º 6 (2005): 507-25, https://doi.org/10.1002/mar.20071; John R. Sparks, Charles S. Areni y K. Chris Cox, «An Investigation of the Effects of Language Style and Communication Modality on Persuasion», *Communications Monographs* 65, n.º 2 (1998): 108-25, https://doi.org/10.1080/03637759809376440

4. Paul C. Price y Eric R. Stone, «Intuitive Evaluation of Likelihood Judgment Producers: Evidence for a Confidence Heuristic», *Journal of Behavioral Decision Making* 17, n.º 1 (2004): 39-57, https://doi.org/10.1002/bdm.460

5. De hecho, los investigadores cuyas propuestas contienen un lenguaje menos dubitativo y más seguro reciben más financiación de la National Science Foundation. Ver David M. Markowitz, «What Words Are Worth: National Science Foundation Grant Abstracts Indicate Award Funding», *Journal of Language and Social Psychology* 38, n.º 3 (2019): 264-82, https://doi.org/10.1177/0261927X18824859

6. Lawrence A. Hosman, «The Evaluative Consequences of Hedges, Hesitations, and Intensifiers: Powerful and Powerless Speech Styles», *Human Communication Research* 15, n.º 3 (1989): 383-406; James J. Bradac y Anthony Mulac, «A Molecular View of Powerful and Powerless Speech Styles: Attributional Consequences of Specific Language Features and Communicator Intentions», *Communications Monographs* 51, n.º 4 (1984): 307-19, https://doi.org/10.1080/03637758409390204

7. Laurie L. Haleta, «Student Perceptions of Teachers' Use of Language: The Effects of Powerful and Powerless Language on Impression Formation and Uncertainty», *Communication Education* 45, n.º 1 (1996): 16-28, https://doi.org/10.1080/03634529609379029

8. David Hagmann y George Loewenstein, «Persuasion with Motivated Beliefs», en *Opinion Dynamics & Collective Decisions Workshop* (2017).

9. Mohamed A. Hussein y Zakary L. Tormala, «Undermining Your Case to Enhance Your Impact: A Framework for Understanding the Effects of Acts of Receptiveness in Persuasion», *Personality and Social Psychology Review* 25, n.º 3 (2021): 229-50, https://doi.org/10.1177/10888683211001269

10. Jakob D. Jensen, «Scientific Uncertainty in News Coverage of Cancer Research: Effects of Hedging on Scientists' and Journalists' Credibility», *Human Communication Research* 34, n.º 3 (2008): 347-69, https://doi.org/10.1111/j.1468-2958.2008.00324.x

Capítulo 3: Palabras para formular las preguntas adecuadas

1. Alison Wood Brooks, Francesca Gino y Maurice E. Schweitzer, «Smart People Ask for (My) Advice: Seeking Advice Boosts Perceptions of Competence», *Management Science* 61, n.º 6 (2015): 1421-35, https://doi.org/10.1287/mnsc.2014.2054

2. Daniel A. McFarland, Dan Jurafsky y Craig Rawlings, «Making the Connection: Social Bonding in Courtship Situations», *American Journal of Sociology* 118, n.º 6 (2013): 1596-1649.

3. Karen Huang *et al.*, «It Doesn't Hurt to Ask: Question-Asking Increases Liking», *Journal of Personality and Social Psychology* 113, n.º 3 (2017): 430, https://doi.org/10.1037/pspi0000097

4. Klea D. Bertakis, Debra Roter y Samuel M. Putnam, «The Relationship of Physician Medical Interview Style to Patient Satisfaction», *Journal of Family Practice* 32, n.º 2 (1991): 175-81.

5. Bradford T. Bitterly y Maurice E. Schweitzer, «The Economic and Interpersonal Consequences of Deflecting Direct Questions», *Journal of Personality and Social Psychology* 118, n.º 5 (2020): 945, https://doi.org/10.1037/pspi0000200

6. Julia A. Minson *et al.*, «Eliciting the Truth, the Whole Truth, and Nothing but the Truth: The Effect of Question Phrasing on Deception», *Organizational Behavior and Human Decision Processes* 147 (2018): 76-93, https://doi.org/10.1016/j.obhdp.2018.05.006

7. Arthur Aron *et al.*, «The Experimental Generation of Interpersonal Closeness: A Procedure and Some Preliminary Findings», *Personality and Social Psychology Bulletin* 23, n.º 4 (1997): 363-77.

8. Elizabeth Page-Gould, Rodolfo Mendoza-Denton y Linda R. Tropp, «With a Little Help from My Cross-Group Friend: Reducing Anxiety in Intergroup Contexts Through Cross-Group Friendship», *Journal of Personality and Social Psychology* 95, n.º 5 (2008): 1080, https://doi.org/10.1037/0022-3514.95.5.1080

Capítulo 4: Sacar partido a la concreción del lenguaje

1. Grant Packard y Jonah Berger, «How Concrete Language Shapes Customer Satisfaction», *Journal of Consumer Research* 47, n.º 5 (2021): 787-806, https://10.1093/jcr/ucaa038

2.	Nooshin L. Warren *et al.*, «Marketing Ideas: How to Write Research Articles That Readers Understand and Cite», *Journal of Marketing* 85, n.º 5 (2021): 42-57, https://doi.org/10.1177/00222429211003560

3.	Ian Begg, «Recall of Meaningful Phrases», *Journal of Verbal Learning and Verbal Behavior* 11, n.º 4 (1972): 431-39, https://doi.org/10.1016/S0022-5371(72)80024-0

4.	Jonah Berger, Wendy Moe y David Schweidel, «Linguistic Drivers of Content Consumption», documento de trabajo, 2022; Yoon Koh *et al.*, «Successful Restaurant Crowdfunding: The Role of Linguistic Style», *International Journal of Contemporary Hospitality Management* 32, n.º 10 (2020): 3051-66, https://doi.org/10.1108/IJCHM-02-2020-0159

5.	Colin Camerer, George Loewenstein y Martin Weber, «The Curse of Knowledge in Economic Settings: An Experimental Analysis», *Journal of Political Economy* 97, n.º 5 (1989): 1232-54. Ver también Chip Heath y Dan Heath, *Made to Stick: Why Some Ideas Survive and Others Die* (Nueva York: Random House, 2007).

6.	Laura Huang *et al.*, «Sizing Up Entrepreneurial Potential: Gender Differences in Communication and Investor Perceptions of Long-Term Growth and Scalability», *Academy of Management Journal* 64, n.º 3 (2021): 716-40, https://doi.org/10.5465/amj.2018.1417

7.	Cheryl J. Wakslak, Pamela K. Smith y Albert Han, «Using Abstract Language Signals Power», *Journal of Personality and Social Psychology* 107, n.º 1 (2014): 41, https://doi.org/10.1037/a0036626

Capítulo 5: Palabras que expresan emoción

1.	Elliot Aronson *et al.*, «The Effect of a Pratfall on Increasing Interpersonal Attractiveness», *Psychonomic Science* 4, n.º 6 (1966): 227-28, https://doi.org/10.3758/BF03342263

2.	Ver también Andrew J. Reagan *et al.*, «The Emotional Arcs of Stories Dominated by Six Basic Shapes», *EPJ Data Science* 5, n.º 1 (2016): 1-12, https://doi.org/10.1140/epjds/s13688-016-0093-1

3.	Peter Sheridan Dodds *et al.*, «Temporal Patterns of Happiness and Information in a Global Social Network: Hedonometrics and Twitter», *PLOS ONE*, 7 de diciembre de 2011, https://doi.org/10.1371/journal.pone.0026752

4.	Erik Lindqvist, Robert Ostling y David Cesarini, «Long-Run Effects of Lottery Wealth on Psychological Well-Being», *Review of Economic Studies* 87, n.º 6 (2020): 2703-26, https://doi.org/10.1093/restud/rdaa006

5.	Shane Fredrick y George Loewenstein, en *Well-Being: The Foundations of Hedonic Psychology*, editado por D. Kahneman, E. Diener y N. Schwarz (Nueva York: Russell Sage, 1999), 302-29.

6. Leif D. Nelson, Tom Meyvis y Jeff Galak, «Enhancing the Television-Viewing Experience Through Commercial Interruption», *Journal of Consumer Research* 36, n.º 2 (2009): 160-72, https://doi.org/10.1086/597030

7. Bart De Langhe, Philip M. Fernbach y Donald R. Lichtenstein, «Navigating by the Stars: Investigating the Actual and Perceived Validity of Online User Ratings», *Journal of Consumer Research* 42, n.º 6 (2016): 817-33, https://doi.org/10.1093/jcr/ucv047

8. Matthew D. Rocklage, Derek D. Rucker y Loran F. Nordgren, «Mass-Scale Emotionality Reveals Human Behaviour and Marketplace Success», *Nature Human Behavior* 5 (2021): 1323 29, https://doi.org/10.1038/s41562-021-01098-5

9. Para más ejemplos de palabras que varían en estas dimensiones, ver *The Evaluative Lexicon* (http://www.evaluativelexicon.com/) y Matthew D. Rocklage, Derek D. Rucker y Loren F. Nordgren, «The Evaluative Lexicon 2.0: The Measurement of Emotionality, Extremity, and Valence in Language», *Behavior Research Methods* 50, n.º 4 (2018): 1327-44, https://doi.org/10.3758/s13428-017-0975-6

10. Matthew D. Rocklage *et al.*, «Mass-Scale Emotionality Reveals Human Behaviour and Marketplace Success».

11. Jonah Berger, Matthew D. Rocklage y Grant Packard, «Expression Modalities: How Speaking Versus Writing Shapes Word of Mouth», *Journal of Consumer Research*, 25 de diciembre de 2021, https://doi.org/10.1093/jcr/ucab076

12. Matthew D. Rocklage y Russell H. Fazio, «The Enhancing Versus Backfiring Effects of Positive Emotion in Consumer Reviews», *Journal of Marketing Research* 57, n.º 2 (2020): 332-52, https://doi.org/10.1177/0022243719892594

13. Li, Yang, Grant Packard y Jonah Berger, «When Employee Language Matters?». Documento de trabajo.

Capítulo 6: Sacar partido a la similitud (y a la diferencia)

1. Amir Goldberg *et al.*, «Enculturation Trajectories and Individual Attainment: An Interactional Language Use Model of Cultural Dynamics in Organizations», en Wharton People Analytics Conference, Philadelphia, PA, 2016.

2. James W. Pennebaker *et al.*, «When Small Words Foretell Academic Success: The Case of College Admissions Essays», *PLOS ONE*, 31 de diciembre de 2014: e115844, https://doi.org/10.1371/journal.pone.0115844

3. Ver, p. e., Molly E. Ireland *et al.*, «Language Style Matching Predicts Relationship Initiation and Stability», *Psychological Science* 22, n.º 1

(2011): 39-44, https://doi.org/10.1177/0956797610392928; Balazs Kovacs y Adam M. Kleinbaum, «Language-Style Similarity and Social Networks», *Psychological Science* 31, n.º 2 (2020): 202-13, https://doi.org/10.1177/0956797619894557

4. Jonah Berger y Grant Packard, «Are Atypical Things More Popular?», *Psychological Science* 29, n.º 7 (2018): 1178-84, https://doi.org/10.1177/0956797618759465

5. David M. Blei, Andrew Y. Ng y Michael I. Jordan, «Latent Dirichlet Allocation», *Journal of Machine Learning Research* 3 (2003): 993-1022, https://www.jmlr.org/papers/volume3/blei03a/blei03a.pdf

6. Ireland *et al.*, «Language Style Matching Predicts Relationship Initiation and Stability»; Paul J. Taylor y Sally Thomas, «Linguistic Style Matching and Negotiation Outcome», *Negotiation and Conflict Management Research* 1, n.º 3 (2008): 263-81, https://doi.org/10.1111/j.1750-4716.2008.00016.x

7. Kurt Gray *et al.*, «"Forward Flow": A New Measure to Quantify Free Thought and Predict Creativity», *American Psychologist* 74, n.º 5 (2019): 539, https://doi.org/10.1037/amp0000391; Cristian Danescu-Niulescu-Mizil *et al.*, «You Had Me at Hello: How Phrasing Affects Memorability», *Proceedings of the ACL*, 2012.

8. Olivier Toubia, Jonah Berger y Jehoshua Eliashberg, «How Quantifying the Shape of Stories Predicts Their Success», *Proceedings of the National Academy of Sciences of the United States of America* 118, n.º 26 (2021): e2011695118, https://doi.org/10.1073/pnas.2011695118

9. Henrique L. Dos Santos y Jonah Berger, «The Speed of Stories: Semantic Progression and Narrative Success», *Journal of Experimental Psychology: General* (2022) 151(8): 1833-1842, https://pubmed.ncbi.nlm.nih.gov/35786955/

Capítulo 7: Qué revela el lenguaje

1. Ryan L. Boyd y James W. Pennebaker, «Did Shakespeare Write *Double Falsehood*? Identifying Individuals by Creating Psychological Signatures with Text Analysis», *Psychological Science* 26, n.º 5 (2015): 570-82, https://doi.org/10.1177/0956797614566658

2. El uso del lenguaje difiere según el género (Mehl & Pennebaker, 2003; Welch, Perez-Rosas, Kummerfeld & Mihalcea, 2019), la edad (Pennebaker & Stone, 2002; Morgan-Lopez *et al.*, 2017; Sap *et al.*, 2014), el grupo étnico (Preotiuc-Pietro & Ungar, 2018) y la afiliación política (Preotiuc-Pietro *et al.*, 2017; Sterling, Jost & Bonneau, 2020).

3. James W. Pennebaker *et al.*, «When Small Words Foretell Academic Success: The Case of College Admissions Essays», *PLOS ONE*, 31 de diciembre de 2014, e115844, https://doi.org/10.1371/journal.

pone.0115844; Matthew L. Newman *et al.*, «Lying Words: Predicting Deception from Linguistic Styles», *Personality and Social Psychology Bulletin* 29, n.º 5 (2003): 665-75, https://doi.org/10.1177/0146167203251529

4. El uso del lenguaje también está asociado a múltiples consecuencias sobre la salud (ver Sinnenberg *et al.*, 2017), incluida la salud mental (De Choudhury, Gamin, Counts y Horvitz, 2013; Eichstaedt *et al.*, 2018; Guntuku *et al.*, 2017; ver Chancellor y De Choudhury, 2020 para una reseña), ADHD (Guntuku *et al.*, 2019) y las enfermedades cardíacas (Eichstaedt *et al.*, 2015), lo cual a menudo predice estas consecuencias mejor que los autoinformes o las medidas socioeconómicas.

5. Sarah Seraj, Kate G. Blackburn y James W. Pennebaker, «Language Left Behind on Social Media Exposes the Emotional and Cognitive Costs of a Romantic Breakup», *Proceedings of the National Academy of Sciences of the United States of America* 118, n.º 7 (2021): e2017154118, https://doi.org/10.1073/pnas.2017154118

6. Oded Netzer, Alain Lemaire y Michal Herzenstein, «When Words Sweat: Identifying Signals for Loan Default in the Text of Loan Applications», *Journal of Marketing Research* 56, n.º 6 (2019): 960-80, https://doi.org/10.1177/0022243719852959

7. Reihane Boghrati, «Quantifying 50 Years of Misogyny in Music», Risk Management and Decision Processes Center, 27 de abril de 2021, https://riskcenter.wharton.upenn.edu/labnotes/quantifying-50-years-of-misogyny-in-music/#:~:text=To percent20look percent20at percent 20misogyny percent20in,is percent20portrayed percent20implicitlypercent20in percent20lyrics

8. Jahna Otterbacher, Jo Bates y Paul Clough, «Competent Men and Warm Women: Gender Stereotypes and Backlash in Image Search Results», *CHI 17: Proceedings of the 2017 CHI Conference on Human Factors in Computing Systems*, mayo de 2017, 6620-31, https://doi.org/10.1145/3025453.3025727

9. Janice McCabe *et al.*, «Gender in Twentieth-Century Children's Books: Patterns of Disparity in Titles and Central Characters», *Gender & Society* 25, n.º 2 (2011): 197-226, https://doi.org/10.1177/0891243211398358; Mykol C. Hamilton *et al.*, «Gender Stereotyping and Under-representation of Female Characters in 200 Popular Children's Picture Books: A Twenty-First Century Update», *Sex Roles* 55, n.º 11 (2006): 757-65, https://doi.org/10.1007/s11199-006-9128-6

10. Rae Lesser Blumberg, «The Invisible Obstacle to Educational Equality: Gender Bias in Textbooks», *Prospects* 38, n.º 3 (2008): 345-61, https://doi.org/10.1007/s11125-009-9086-1; Betsey Stevenson y Hanna Zlotnik, «Representations of Men and Women in Introductory Economics Textbooks», *AEA Papers and Proceedings* 108 (mayo de 2018): 180-85, https://doi.org/10.1257/pandp.20181102; Lesley Symons, «Only 11

Percent of Top Business School Case Studies Have a Female Protagonist», *Harvard Business Review*, 9 de marzo de 2016, https://hbr.org/2016/03/only-11-of-top-business-school-case-studies-have-a-female-protagonist

11. Nikhil Garg *et al.*, «Word Embeddings Quantify 100 Years of Gender and Ethnic Stereotypes», *Proceedings of the National Academy of Sciences of the United States of America* 115, n.º 16 (2018): E3635–44, https://doi.org/10.1073/pnas.1720347115; Anil Ramakrishna *et al.*, «Linguistic analysis of differences in portrayal of movie characters», *Proceedings of the 55th Annual Meeting of the Association for Computational Linguistics* 1 (2017): 1669-78, https://doi.org/10.18653/v1/P17-1153; Liye Fu, Cristian Danescu-Niculescu-Mizil y Lillian Lee, «Tie-Breaker: Using Language Models to Quantify Gender Bias in Sports Journalism», 13 de julio de 2016, *arXiv*, https://doi.org/10.48550/arXiv.1607.03895

12. «Racial Divide in Attitudes Towards the Police», *The Opportunity Agenda*, https://www.opportunityagenda.org/explore/resources-publications/new-sensibility/part-iv

13. Perry Bacon Jr. «How the Police See Issues of Race and Policing», *FiveThirtyEight*, https://fivethirtyeight.com/features/how-the-police-see-issues-of-race-and-policing/

14. Rob Voigt *et al.*, «Language from Police Body Camera Footage Shows Racial Cisparities in Officer Respect», *Proceedings of the National Academy of Sciences of the United States of America* 114, n.º 25 (2017): 6521-26, https://doi.org/10.1073/pnas.1702413114

Epílogo

1. Claudia M. Mueller y Carol S. Dweck, «Praise for Intelligence Can Undermine Children's Motivation and Performance», *Journal of Personality and Social Psychology* 75, n.º 1 (1998): 33, https://doi.org/10.1037/0022-3514.75.1.33

Índice

Sobre el autor

Jonah Berger es profesor de marketing en la Wharton School de la Universidad de Pensilvania y autor de los éxitos internacionales *Contagioso: cómo conseguir que tus productos e ideas tengan éxito* y *El catalizador*. Es un experto de fama mundial en el procesamiento del lenguaje natural, el cambio, la influencia social, el boca a oreja y en por qué determinados productos, servicios e ideas tienen éxito. Berger ha publicado más de setenta artículos en revistas académicas de primer nivel y las reseñas de sus trabajos aparecen a menudo en publicaciones como el *New York Times*, el *Wall Street Journal* y la *Harvard Business Review*. Suele ejercer como consultor para empresas como Google, Apple, Nike y la Fundación Gates, ayudándoles a sacar partido al lenguaje, orientar el cambio y a que sus productos tengan éxito. Ha sido nombrado uno de los hombres más creativos por Fast Company y se han vendido millones de copias de sus libros traducidos, además, a múltiples idiomas.

Guías Harvard Business Review

En las **Guías HBR** encontrarás una gran cantidad de consejos prácticos y sencillos de expertos en la materia, además de ejemplos para que te sea muy fácil ponerlos en práctica. Estas guías realizadas por el sello editorial más fiable del mundo de los negocios, te ofrecen una solución inteligente para enfrentarte a los desafíos laborales más importantes.

Monografías

Michael D Watkins es profesor de Liderazgo y Cambio Organizacional. En los últimos 20 años ha acompañado a líderes de organizaciones en su transición a nuevos cargos. Su libro, **Los primeros 90 días**, con más de 1.500.000 de ejemplares vendidos en todo el mundo y traducido a 27 idiomas, se ha convertido en la publicación de referencia para los profesionales en procesos de transición y cambio.

Todo el mundo tiene algo que quiere cambiar. Pero el cambio es difícil. A menudo, persuadimos, presionamos y empujamos, pero nada se mueve. ¿Podría haber una mejor manera de hacerlo? Las personas que consiguen cambios exitosos saben que no se trata de presionar más, o de proporcionar más información, sino de convertirse en un catalizador.

Stretch muestra por qué todo el mundo -desde los ejecutivos a los empresarios, desde los profesionales a los padres, desde los atletas a los artistas- se desenvuelve mejor con las limitaciones; por qué la búsqueda de demasiados recursos socava nuestro trabajo y bienestar; y por qué incluso aquellos que tienen mucho se benefician de sacar el máximo provecho de poco.

¿Por qué algunas personas son más exitosas que otras? El 95 % de todo lo que piensas, sientes, haces y logras es resultado del hábito. Simplificando y organizando las ideas, **Brian Tracy** ha escrito magistralmente un libro de obligada lectura sobre hábitos que asegura completamente el éxito personal.

Referenciado como uno de los diez mejores libros sobre gestión empresarial, **Good to Great** nos ofrece todo un conjunto de directrices y paradigmas que debe adoptar cualquier empresa que pretenda diferenciarse de las demás.

Jim Collins es un reconocido estudioso especializado en qué hace que las empresas sobresalgan, y asesor socrático de líderes de los sectores empresariales y sociales.

Conoce los principios y las filosofías que guían a Bill Gates, Jeff Bezos, Ruth Bader Ginsburg, Warren Buffett, Oprah Winfrey y muchos otros personajes famosos a través de conversaciones reveladoras sobre sus vidas y sus trayectorias profesionales.

David M. Rubenstein ha hablado largo y tendido con los líderes más importantes del mundo sobre cómo han llegado a ser famosos. **Conversaciones** comparte estas entrevistas con estos personajes.

Gallup y **Reverté Management** publican una nueva edición de su bestseller número 1. Esta edición incluye un total de 50 ideas sobre acciones específicas y personales para el desarrollo de tus talentos dominantes. Cada libro incluye un código de acceso a la evaluación en línea de CliftonStrengths.

El libro de Ryan Holiday, **Diario para estoicos**, es una guía fascinante y accesible para transmitir la sabiduría estoica a una nueva generación de lectores y mejorar nuestra calidad de vida. En la **Agenda**, los lectores encontrarán explicaciones y citas semanales para inspirar una reflexión más profunda sobre las prácticas estoicas, así como indicaciones diarias y una introducción útil que explica las diversas herramientas estoicas de autogestión.

También disponibles
en formato e-book

**Solicita más información en
revertemanagement@reverte.com
www.revertemanagement.com**